novum premium

12 Pfeile zum Erfolg

Wilfried Benthin

novum premium

Bibliografische Information
der Deutschen Nationalbibliothek:

Die Deutsche Nationalbibliothek
verzeichnet diese Publikation in
der Deutschen Nationalbibliografie.
Detaillierte bibliografische Daten
sind im Internet über
http://www.d-nb.de abrufbar.

ISBN 978-3-95840-134-1
Lektorat: Pia Euteneuer
Umschlagfoto:
Stokkete | Dreamstime.com
Umschlaggestaltung, Layout & Satz:
novum Verlag

Gedruckt in der Europäischen Union
auf umweltfreundlichem, chlor- und
säurefrei gebleichtem Papier.

www.novumverlag.com

Vorwort

Viele tausend Unfälle geschehen Jahr für Jahr auf unseren Straßen, im Haushalt und im Berufsleben. Die Folgen sind mehr oder weniger belastend. Einschneidende Veränderungen im Leben des Betroffenen und dessen Angehörigen sind gerade bei schweren Folgen gravierend. Nur wenigen ist es vergönnt, ihr Dasein so zu meistern, dass sie Höchstleistungen erlangen. Fasziniert von einem Fall in unserem Freundeskreis kam ich auf die Idee, dieses Buch zu schreiben. Die Personen und deren Handlung sind frei erfunden, aber der Ablauf der Feierlichkeiten und der Wettkämpfe bei den Paralympics in Sydney 2000 sind authentisch und entsprechen den Berichten von Teilnehmern.

Durch die Berichterstattung in den Medien erhielten viele Sportvereine nach den Spielen in Sydney einen großen Zulauf an Interessenten. Vielerorts waren bereits Bestrebungen zu beobachten, dass Behinderte in die seit langer Zeit etablierten Vereine integriert wurden. Es wäre zu wünschen, dass dieser positive Trend anhält und behinderte Menschen nicht weiter ausgegrenzt bleiben. Um mehr Verständnis füreinander soll auch dieses Buch werben.

Vielen Dank sage ich meinen Freunden, Bekannten und nicht zuletzt meiner Frau, die es mir ermöglichten, diese Arbeit zu vollenden. Danken möchte ich auch Frau Lindner für die Korrektur und dem novum Verlag, damit dieses Werk veröffentlicht werden konnte.

Der Verfasser

1. Kapitel

Ein Montag im Dezember 1988. „Nach dem Wecken dreimal recken, weg sind alle Sorgen, einen schönen guten Morgen." Schlaftrunken tastete Karin nach dem Radiowecker, um die Nachtruhe an diesem Morgen wiederherzustellen. Mit ihren 25 Jahren konnte sie abends kein Ende finden, aber früh aus dem Bett, das war auch nicht ihr Ding. Eine kurze Ruhepause entstand, als sie die Taste betätigt hatte, aber dann ertönte wieder Musik. Es war auch Zeit zum Aufstehen. Barfuß schleppte sie sich ins Badezimmer, zog sich das Nachthemd über den Kopf und reckte sich ausgiebig. Das Spiegelbild zeigte eine mittelgroße, schlanke Frau mit blondem sportlich kurz geschnittenem Haar. Ihre wohlgeformten Brüste und der kleine Bauchansatz unterstrichen auf vorteilhafte Weise ihre Weiblichkeit. Sie begann mit der Morgentoilette, aber erst das kalte Wasser im Gesicht brachte ihre Lebensgeister in Schwung. Ein Morgenmuffel war sie nicht, doch etwas Zeit brauchte sie schon. Karin zog sich ihre Lieblingsjeans an und ließ einen leichten Pullover locker darüber fallen.

Vor einem Jahr hatte sie Uwe geheiratet und sie hatten sich eine kleine Wohnung gemietet. Der Tagesablauf war längst noch keine Routine geworden. Uwe arbeitete als Werkzeugmacher und durch seinen Schichtdienst in der Maschinenfabrik, war er oft nicht zu Hause, oder er brauchte seinen Schlaf. Dann hatte selbst die Hausarbeit Pause.

Während die Kaffeemaschine ihr Werk vollendete, zog Karin, die an diesem Morgen alleine war, die Gardinen auf und nörgelte über das Wetter und die Vorhersage vom gestrigen Abend. Sie öffnete auch die Vorhänge im Wohnzimmer und erschrak über die plötzlich hereinbrechenden Schauer. Für die Jahreszeit war es viel zu warm, aber wenn das alles als Schnee gefallen wäre, hätte es bestimmt eine Katastrophe gegeben. Und das heute Morgen! Karin arbeitete in der Großstadt in einem Supermarkt als Großhandelskauffrau und hatte gleitende Arbeitszeit. Das war ein Vorteil, denn bei der Fahrstrecke von ca. 50 km konnte immer mal etwas dazwischenkommen. Nach einem kleinen Frühstück zog sie sich ihre Jacke an und trat vor die Tür.

Behände schwang sie sich in ihren Opel und machte sich auf den Weg. Es regnete immer noch, aber nicht mehr so heftig. Trotzdem kam sie längst nicht so schnell vorwärts wie sonst. Angstvoll sah sie, wie der Mercedes vor ihr auf der Landstraße in der Nähe des Kalkwerkes eine riesige Wasserwand nach beiden Seiten auftürmte. Ihr Opel konnte diese Wassermassen jedoch nicht bewältigen, und sie erschrak über das unvermutete Eigenleben ihres Fahrzeuges. Mit weit aufgerissenen Augen sah sie einen Baum auf sich zukommen und dachte nur noch: *Das war's denn wohl.* Total zertrümmert lag ihr Auto halb im Wasser, und durch die zerbrochenen Scheiben fielen die letzten Regentropfen auf sie hernieder. Wie ein Film lief ihr bisheriges Leben in Sekundenschnelle vor ihren Augen ab …

Karin sah sich als kleines Mädchen mit ihrer Stoffpuppe. Für andere war es nur eine Puppe, aber sie mit ihren zwei Jahren hatte dazu ein ganz intimes Verhältnis. Mit ihrer Puppe im Arm fühlte sie sich sicher und geborgen, und nur das zählte. Doch war ihr Schutzengel nicht immer rechtzeitig zur Stelle. So auch an einem Sonntagnachmittag im Frühsommer. Mit ihren Eltern und ihrem Bruder bewohnte sie ein Haus am Ortsrand. Es war nicht sehr groß, aber es reichte für Mama und Papa mit ihren zwei kleinen Kindern. Hinter dem Haus lag ein Garten direkt an der Terrasse. Am Rande der Rasenfläche verlief als Grundstücksgrenze ein Entwässerungsgraben. Er zog sich entlang der Nachbargrundstücke und mündete in einen kleinen Bach auf der gegenüberliegenden Straßenseite. Damit die Kinder nicht zu dicht an diesen Graben gelangen konnten, ließ ihr Vater die Brennnesseln großzügig zu beiden Seiten stehen. Was nicht sein sollte, geschah doch. Die Familie fand sich zum Kaffeetrinken auf der Terrasse ein. Die Mutter suchte Karin in dieser Runde, die aber steckte kopfüber in dem stinkenden Graben. Das hochstehende Beinchen mit dem weißen Söckchen war für ihren Vater ein Alarmzeichen. Nur mit Mühe konnte er seine inzwischen dreijährige Tochter herausziehen. Mit vereinten Kräften gelang es schließlich, das Kind wieder auf die Beine zu bekommen. Daraufhin willigten die Nachbarn endlich ein, ein Rohr zu verlegen und den Graben zuzuschütten.

Wie aus einem Nebel tauchte auch ihr Bruder Wolfgang auf. Wie oft spielte sie mit ihm an dem Bach, und fast genauso oft fielen beide in das kalte Wasser. Ob vom Baumstamm abgerutscht, aus einer Plastikwanne gefallen oder von einer „Staumauer" gestürzt, es war immer das gleiche. Die Sachen mussten für die nächsten Einsätze im Heizungskeller wieder getrocknet werden. Meistens schimpften die Eltern oder verhängten Stubenarrest, aber das war für die Kinder in dem Alter völlig nebensächlich.

Karins Freundin aus diesen frühen Tagen erschien vor ihrem geistigen Auge. Mit ihr stritt sie sich oft um die geliebte Puppe. Die beiden Mädchen zerrten einmal wild an dem armen Geschöpf herum, bis der Stoff nachgab und der Kopf abriss. Die Tränen flossen in Strömen, die Freundin war keine Freundin mehr, und die Mutter mühte sich redlich ab, den Schaden zu beheben. Von nun an hütete Karin ihre Puppe wie ihren Augapfel. Aber es dauerte nicht lange und sie spielte wieder mit ihrer Freundin, jedoch ohne Puppe. Im Kindergarten war Karin eine aufmerksame Zuhörerin. Ihr gefielen die schönen Geschichten, die ab und zu erzählt wurden, aber die vielen Spielsachen und die Klettergerüste weckten ihr Interesse am meisten.

Es folgte ihr nächster Lebensabschnitt. Er begann mit einer riesigen Schultüte. Eltern, Lehrer und die Erstklässler waren in der Schule versammelt. Der Direktor hielt eine viel zu lange Ansprache und stellte anschließend die Lehrerinnen und Lehrer vor. Danach wurden die Kinder den Klassen zugeordnet und in die Unterrichtsräume geführt. Jetzt erst durften die Schultüten ausgepackt werden. Was kam da alles zum Vorschein. Voller Stolz zeigten sich die Kinder gegenseitig ihre Schätze.

Das bunte Durcheinander wurde erst durch Kaffee und Kuchen für die Erwachsenen sowie Limonade für die Kinder ein wenig geordneter. Die Lehrer erklärten noch die wichtigsten Dinge für den ersten Schultag, und danach löste sich die Gesellschaft langsam auf. Die Aufregung des Schulbeginns legte sich sehr schnell und die Jahre flossen dahin. Die Zensuren waren mal besser und mal na ja, doch Karin kam ganz gut zurecht.

Inzwischen war sie zwölf Jahre alt. Die Eltern fuhren mit den Kindern in den Urlaub nach Österreich. Unweit ihrer Pension lag ein großer Waldsee. Das Ufer mit seinem feinen Sand lud zum Sonnenbaden ein, und das Wasser war herrlich erfrischend. Karin und ihr Bruder sollten im Nachbarort Luftmatratzen kaufen. Doch was stellten die beiden wieder an? Statt zu den Eltern zurückzukehren, paddelten sie mit den Matratzen auf dem See und achteten dabei nicht auf den ablandigen Wind, der sie immer weiter vom Ufer wegtrieb. Folglich musste eine große Rettungsaktion gestartet werden.

Am interessantesten war es für Karin, wenn sie mit ihrem Vater durch die Natur streifen konnte. Was gab es da nicht alles zu erleben. Sie erfreute sich an dem Gesang der Vögel genauso wie an den Pflanzen, die es zu bestimmen galt. Entsprechend der Jahreszeit wurde auch der Mittagstisch mit den schmackhaftesten Pilzen bereichert. Bald waren aber diese vielen Ausflüge von Vater und Tochter in die Natur nicht mehr die Hauptsache. Karin musste zum Konfirmandenunterricht. Der junge Pastor, der für diese Gemeinde tätig war, bereitete seine Schützlinge auf das große Ereignis vor. Er war verheiratet und hatte eine Tochter, so konnte er sich gut in die Sorgen und Nöte der Heranwachsenden hineinversetzen und ging auch auf deren Probleme ein. Dabei wurden viele weltliche Dinge angesprochen, die letztendlich den Jugendlichen eine echte Lebenshilfe waren.

Am Tage nach dem Abendmahl versammelten sich die Konfirmanden für das große Ereignis. Karin war aufgeregt wie selten. In ihrem schwarzen Rock, der weißen Bluse und der Bolero Weste sah sie wie eine junge Dame aus. Nach der Begrüßung wurde gesungen, dann folgten die Predigt, das Gebet und das Schuldbekenntnis. Ach, wie dauerte das alles lange.

Schließlich gab es noch den Zuspruch, das Dankesgebet und den Segen. Zum Ausklang spielte die Orgel und endlich war die ganze Zeremonie zu Ende. Die Spannung war für Karin schon fast unerträglich. Was mochte sie alles geschenkt bekommen? Die Glocken begleiteten die Konfirmanden mit ihren Eltern zur Kirche hinaus. Karins Eltern hatten in einer nahe gelegenen Gaststätte einen Tisch reserviert, und nach dem Essen durfte Karin endlich ihre Geschenke auspacken. Am Abend wurde zu den Klängen vom Akkordeon ihres Vaters getanzt, was sich Karin so sehr gewünscht hatte.

Zwei Jahre später absolvierte sie die Realschule, fand aber keine Lehrstelle. Es war jedoch nicht Karins Art, zu resignieren. Spontan meldete sie sich auf eine Anzeige und machte ein Praktikum in der Pflegeabteilung eines Krankenhauses ganz in der Nähe ihres Wohnortes. In dieser Zeit wurde sie mit viel Leid konfrontiert, denn es ging um die Langzeitpflege. Hier lernte sie Anke kennen. Sie hatte die gleiche Größe wie Karin, war aber von der Natur etwas üppiger ausgestattet. Ihre langen blonden Haare trug sie mal offen oder als Pferdeschwanz, je nach Lust und Laune. Die Kleidung war eher konservativ, aber figurbetont. Durch ihre offene und humorvolle Art war sie überall willkommen. Sie wollte Drogistin werden und benötigte dieses Praktikum mehr als Karin. Es stellte sich heraus, dass beide im gleichen Ort wohnten, nur jeweils am anderen Ende. So dauerte es auch nicht lange, dass beide Mädchen ein unschlagbares Team wurden. Der Tag der Trennung war für beide schmerzlich, aber Karin fand endlich die lang ersehnte Lehrstelle zur Ausbildung als Großhandelskauffrau in einem Supermarkt.

Kurze Zeit später folgte die Tanzschule und die Interessen verlagerten sich. Der Kuss einer ihrer Tanzpartner schlug ein wie der Blitz. Es war keineswegs der erste, aber noch nie gekannte Gefühle erwachten und brachten sie vollkommen durcheinander. Was war da nur mit ihr geschehen? Bevor sie sich jedoch darüber im Klaren war, traf sie ein Schicksalsschlag, der ihr Leben für die nächsten Jahre beeinflussen sollte. Ihr Vater, er war Modellschreiner in einer Gießerei, erlitt einen schweren Betriebsunfall. Noch im Krankenhaus verstarb er. Ihre Mutter kam damit nicht zurecht, und so begannen arge Probleme in der Familie. Karin konnte die Belastung nicht ertragen, selbst ihr Bruder war da keine Hilfe. So traf sie sich oft mit ihrer Freundin Anke, zu der die Beziehung wieder enger wurde. Manchmal blieb Karin auch über Nacht bei ihr. Das verbesserte natürlich nicht die Situation zu Hause. Schließlich suchte sie Zuflucht beim THW. Sie gehörte zu den wenigen jungen Frauen, die den Anforderungen dort gewachsen waren. Durch gute Ideen und „Zupacken-Können" zeigte sie oft den männlichen Mitgliedern, dass auch Frauen in diesem Bereich ihren „Mann" stehen können. Sie wurde deshalb schnell akzeptiert. Lehrgänge, Übungen und Veranstaltungen waren eine willkommene und interessante Abwechslung.

Mit 17 trat ein Sohn reicher Eltern in Karins Leben. Er hatte ein Auto, und das war nicht ganz unwichtig. Für Karin stand stets die Mobilität im Vordergrund, während ihr Freund das sexuelle Erlebnis suchte. Für ein schnelles Abenteuer war sie sich zu schade. Darum hielt diese erste Liebe nur kurze Zeit. Es folgte noch ein Versuch, auch wieder ein junger Mann mit einem Auto. Diesen kannte sie flüchtig von der Schule her, doch das Spiel wiederholte sich. Sie wollte mobil sein, aus ihrer Umgebung ausbrechen können, das Zuhause hinter sich lassen, aber sie war nicht bereit, alle Wünsche ihres neuen Freundes zu erfüllen. Das entsprach natürlich nicht seinen Vorstellungen, und so war auch diese Verbindung nicht von Dauer.

Der 18. Geburtstag rückte näher. Karin durfte sich endlich bei einer Fahrschule anmelden. Voller Ehrgeiz arbeitete sie im Unterricht mit und lernte auch zu Hause fleißig. Ihrer Mutter erschien dieser Eifer schon fast unheimlich. Endlich war der ersehnte Tag der Prüfung gekommen. Die ganze Nacht davor konnte sie kaum schlafen. Im Traum erlebte sie immer neue Situationen, in denen sie mit dem Auto unterwegs war. Der 18. Geburtstag erschien Karin wie der Beginn eines neuen Lebens! Überglücklich hielt sie den lang ersehnten Führerschein in ihren Händen. Das war ihr schönstes Geschenk.

Karins mühsam erspartes Geld reichte leider noch nicht ganz, aber ihre Mutter und ihr Bruder legten zusammen, und kurze

Zeit später stand ihr erstes Auto vor der Tür. Der Passat, ein älteres Modell, brachte ihr endlich die lang ersehnte Mobilität, und nur das zählte. Mit ihrer Freundin ging es an den Wochenenden von einer Disco in die nächste. Beide genossen die Freiheit und ihre Unabhängigkeit. Doch die Freude währte nicht lange. Eines Tages, Karin war allein unterwegs, kam sie plötzlich von der Fahrbahn ab und „parkte" ihr Auto am Rande eines Steinbruchs zwischen zwei riesigen Bäumen, die mit dichtem Buschwerk umgeben waren. Bluse, Rock und Sandalen waren nicht gerade die passende Bekleidung für derartige Unternehmen. Die Kleidung zerrissen, unbedeckte Körperstellen blutig zerschrammt, tauchte sie aus dem dornigen Gestrüpp auf. Das Auto konnte nur unter größten Anstrengungen geborgen werden. Dabei war das Bodenblech auf der Fahrerseite so verbogen, dass sich der Sitz nicht mehr gerade montieren ließ. Das störte Karin nicht, sie saß von nun an etwas schräg hinter dem Lenkrad. Die Hauptsache war, dass sie fahren konnte.

Ihr Bruder verließ die häusliche Gemeinschaft und zog zu seiner Freundin in ihre kleine Wohnung. Nun war Karin mit der Mutter allein. So ergab es sich, dass die beiden nach den Mahlzeiten noch lange zusammensaßen und sich gegenseitig ihr Herz ausschütteten. Jetzt erst begriff Karin so richtig, wie schwer der Verlust des Partners für ihre Mutter war. Aber auch sie zeigte etwas mehr Verständnis für Karin, die ihr Leben in die eigenen Hände nehmen wollte. Nach diesen langen und intensiven Gesprächen besserte sich das Verhältnis zwischen Mutter und Tochter etwas.

Langsam ging Karins Lehrzeit zu Ende. Sie war so ernsthaft bei der Sache, dass ihr Chef sie nach erfolgreich abgelegter Prüfung unbedingt behalten wollte. Nicht umsonst bestand sie darauf, alle Bereiche innerhalb der Marktkette kennenzulernen. Mit dieser umfangreichen Vorbereitung brachte sie die schriftliche Prüfung dann auch ganz locker hinter sich. Bis zur mündlichen war noch Zeit, und der Zufall wollte es, dass sie mit Anke zusammen Urlaub machen konnte.

Die beiden mieteten sich in einer Ferienanlage an der Adria ein. Der Flug war recht kurz, und vom Flugplatz wurden sie von einem Kleinbus abgeholt. Die Reisetaschen waren schnell ausgepackt, und ab ging es auf Erkundungstour. Hier gab es alles, was das Herz junger Damen begehrte: weißer Strand, sauberes Wasser, Sonne satt und mehrere Discos. Nach dem Abendessen machten sich die beiden Freundinnen schick. Sie schlenderten in der Anlage herum und unterhielten sich angeregt, welche Disco wohl für heute die richtige wäre. Dabei stieß Anke mit einem jungen Mann zusammen, der gerade aus einem Souvenirshop herauskam. Er entschuldigte sich lächelnd und ging weiter. Schließlich tippte Karin ihre Freundin an und zeigte auf den Eingang einer vielversprechenden Diskothek. Der Abend war gerettet. Noch ahnte Karin nicht, welches bedeutungsvolle Ereignis in ihrem Leben hier seinen Anfang nahm. Die Disco war schon gut besucht, doch die beiden Freundinnen fanden einen Platz unweit des DJs, der weit über die Grenzen hinaus bekannt war, und bestellten ihre Getränke. Es gab Spezialcocktails mit wenig Alkohol. Anke sah sich um und entdeckte den jungen Mann vom Nachmittag. Sie stieß Karin an, aber die hatte kein Interesse. Dafür kam ein anderer junger Mann an den Tisch und bat sie um den nächsten Tanz. Er sah ganz gut aus und redete auch kein dummes Zeug. Anke fand ebenfalls einen Tanzpartner, und sie genossen den Abend in vollen Zügen.

Am nächsten Tag trafen Karin und Anke ihre Kavaliere am Pool wieder. Die Unterhaltung verlief sehr angeregt, und bald erzählten sie sich auch private Dinge. Die jungen Leute fanden sich sympathisch und verabredeten sich zu den angebotenen Aktivitäten. Das war ein tolles Vergnügen, bis Karin erfuhr, dass ihr Freizeitpartner verheiratet war, bereits drei Kinder hatte und allein Urlaub machte, um von der Familie auszuspannen. Welch ein Schlag für sie, denn sie hatte sich Hals über Kopf verliebt. Anke versuchte zu trösten, und die beiden verbrachten viele Stunden am Strand allein, denn auch ihr war das Glück nicht hold. Sie war solche Fehlschläge schon gewöhnt und ließ deshalb keinen Mann zu nah an sich heran.

In der Ferienanlage wurde eine Grillparty organisiert. Lustlos stocherten die beiden Freundinnen auf ihren Tellern herum, als ein junger Mann an ihren Tisch trat. Das war derselbe, der

Anke schon mehrfach auffiel. Er stellte sich als Uwe Wagner vor und fragte, ob er den Damen Gesellschaft leisten könne, da sie beide so traurig aussahen. Karin und Anke wollten eigentlich in ihrem Schmerz alleine sein, willigten aber doch ein. Im Laufe der Unterhaltung erzählte er, dass er sich von seiner Frau scheiden ließ. Sie konnte durch eine falsch behandelte Krankheit keine Kinder bekommen. Darüber kam sie nicht hinweg, wurde depressiv, begann zu trinken und wurde schließlich Alkoholikerin. Eine gemeinsame Zukunft war nicht möglich. Schließlich zog er einen Schlussstrich unter diese Beziehung. Nun hatte es aber keinen Sinn, den Kopf in den Sand zu stecken, denn das Leben ging ja weiter. Uwe zeigte sich als ein lustiger Mensch, aber Karin war nicht zum Lachen aufgelegt. Nach dem Essen bummelten alle drei noch durch die Anlage, und ganz spontan tauschten sie auch die Adressen aus. Karin fühlte sich etwas überrumpelt, außerdem war sie nicht so schnell an einer neuen Beziehung interessiert. Sie war froh, dass der Urlaub bald zu Ende ging.

Zu Hause nahm der Alltag sie schnell wieder in Beschlag. Schließlich musste der letzte Teil der Abschlussprüfung noch zu Ende gebracht werden. Auch bei der mündlichen hatte sie keinerlei Nöte. Ihr Zeugnis war so gut, dass ihr Chef gleich einen Arbeitsvertrag aus der Tasche zog, den Karin nur noch zu unterschreiben brauchte. Das tat sie auch, ohne zu zögern, denn sie war mit der Arbeit und dem Umfeld sehr zufrieden. Besser konnte sie es nicht treffen.

Einige Zeit später trafen sich Karin und Uwe zufällig in der Stadt. Er kaufte sich einen schwarzen Anzug für die Beerdigung seiner Frau, denn sie war in der Klinik an einer Überdosis Tabletten gestorben. Karin fragte nicht weiter, aber sie sah ihm an, dass er sich, auch wenn er inzwischen geschieden war, miserabel fühlte. Nun war sie es, die tröstende Worte an einen anderen Menschen richtete. Geraume Zeit saßen sie noch in einem Café zusammen, und jeder erzählte von sich und seinen Wünschen. Uwe war nicht unbedingt Karins Typ, aber irgendetwas an ihm faszinierte sie. Deshalb hatte sie auch nichts dagegen, als er den Wunsch äußerte, einmal etwas gemeinsam zu unternehmen. Am späten Nachmittag brachte er Karin nach

Hause, und sie verabredeten sich für das nächste Wochenende. Sie schloss die Haustür auf, ging in ihr Zimmer und zog sich ihren Jogginganzug an. Sie ließ sich in den Sessel fallen und fühlte sich seltsam beschwingt. Hatte sich Uwe in ihr Herz geschlichen? War sie etwa verliebt? Sie überdachte ihre Lage und war von dieser Entwicklung gar nicht mehr so abgeneigt.

In ihrer überschwänglichen seelischen Verfassung rief Karin ihre Freundin an und berichtete von ihrem Treffen mit Uwe. Anke freute sich, dass ihre Freundin wohl auf dem Weg zu einer glücklichen Beziehung war. Das Telefonat dauerte lange, und als Karin endlich den Hörer auflegte, fühlte sie sich wie ein Vogel im Wind, der direkt in den Himmel getragen wurde. Ihrer Mutter fiel natürlich die Veränderung an ihrer Tochter auf. Sie war schon gespannt, wie wohl der mögliche zukünftige Schwiegersohn aussah, aber Karin winkte ab. So schnell ging das nicht, denn erst wollte sie sich selber im Klaren sein. Das Wochenende nahte, und Karin wurde von einer leichten Unruhe erfasst. Was sollte sie wohl anziehen? Wie würde die Verabredung ablaufen? Wie weit wollte und konnte sie gehen? Schließlich betrachtete sie ihr Spiegelbild. Sie hatte, der Jahreszeit entsprechend, ein farbenfrohes Sommerkleid gewählt und war mit sich einigermaßen zufrieden. Da klingelte es auch schon, und Uwe stand vor der Tür. Er hatte eine Orchidee für die Mutter und für Karin ein kleines buntes Blumensträußchen mitgebracht. Schnell zog sie sich eine leichte Jacke über, und dann verabschiedeten sich die jungen Leute.

Sie fuhren über Land, aßen in einem rustikalen, nett eingerichteten Landgasthaus und ließen sich Zeit. Zu vorgerückter Stunde fuhren sie zu einer Disco, die Karin noch nicht kannte. Uwe schien hier wohl ein- und auszugehen, denn die Bedienungen und der DJ begrüßten ihn fast überschwänglich. Er entdeckte einige Freunde und stellte ihnen Karin vor. Die Sympathie auf beiden Seiten sorgte für einen netten Abend. Irgendwann zu später Stunde brachte er Karin nach Hause, doch sie blieben eine Weile im Auto sitzen. Von der Musik und der Tanzerei waren sie so aufgekratzt, dass sie noch zusammen sein wollten. Plötzlich nahm Uwe Karin in die Arme und küsste sie leidenschaftlich. Sie war überrascht, denn so hatte sie noch keiner geküsst. Sie erwiderte seine Küsse, sprang aber unvermittelt aus dem Auto und stürmte ins Haus. Uwe sah ihr nach, bis sie hinter der Haustür verschwunden war, konnte aber nicht sehen, dass Karin sich von hinten dagegen lehnte und tief durchatmete, bevor sie in ihr Zimmer ging. So wie sie war, warf sie sich aufs Bett, schloss die Augen und genoss das Kribbeln im Bauch. Nun war mit ihr geschehen, was sie sich insgeheim schon längst gewünscht hatte. Amors Pfeil traf sie mitten ins Herz. Wie sollte es aber nun weitergehen? Wie sahen die nächsten Schritte aus? Konnte sie sich ein Leben mit Uwe vorstellen? Auf diese Fragen hatte sie keine Antworten. Waren sie in diesem Augenblick denn so wichtig? Schließlich stand sie auf, zog sich aus und legte sich schlafen.

In der nächsten Zeit sahen sich Uwe und Karin sehr oft. Ihre Mutter konnte die Neugierde nicht mehr zurückhalten und wollte den Freund ihrer Tochter unbedingt kennenlernen. Die beiden Frauen bereiteten Uwes Leibgericht zu, Eisbein mit Sauerkraut, und richteten alles für einen harmonischen Abend her. Doch ganz so wie gedacht sollte der Abend nicht verlaufen. Artig brachte Uwe wieder Blumen für die beiden Damen mit und hielt sich beim Essen zurück. Danach saßen die drei noch zusammen und unterhielten sich recht angeregt. Uwe erzählte von seinen beruflichen Möglichkeiten, denn als Werkzeugmacher konnte er sich höher qualifizieren, wenn er noch etliche Lehrgänge besuchte. Sein Chef hatte viel mit ihm vor, weil er sich auch mit dem Computer auskannte und in der Lage war, die modernen Maschinen zu programmieren. Für die Mutter hörte sich das vielversprechend an, denn sie wollte, dass sich ihre Tochter gut verheiratete. Plötzlich klingelte es, und Karins Bruder Wolfgang stand in der Tür. Er war nur vorbeigekommen, um etwas aus seinem Zimmer zu holen, das er zu Hause immer noch hatte. Dann sah er Uwe, blieb abrupt stehen und stieß hervor: „Was macht der denn hier?"

Die Überraschung auf Wolfgangs Seite war groß. Es stellte sich heraus, dass beide Männer vor Jahren in eine Schlägerei verwickelt waren, wobei Uwe aus Notwehr unter anderem Wolfgang ganz schön zugerichtet hatte. Natürlich empfanden sie keine Sympathie füreinander. Karin erschrak über das hasserfüllte Blitzen in den Augen ihres Bruders und vermutete Schlimmes. Da die Mutter ihren Sohn immer vorgezogen hatte, hörte sie auch heute noch auf ihn. Für Karin war nun klar, dass Uwe nicht nur von dem Bruder, sondern auch noch von der Mutter abgelehnt wurde. Die Entwicklung der Situation erahnend, verabschiedete sich Uwe höflich und zog sich schnell zurück. Karin konnte die Anspannung nicht ertragen, räumte eilig das Geschirr in die Küche, rannte in ihr Zimmer und schloss sich ein. Sie warf sich aufs Bett, wobei das Kopfkissen nur mäßig ihr Schluchzen dämpfte. Der Krampf löste sich erst, als sie keine Tränen mehr weinen konnte. Jetzt wuchs in ihr eine Trotzreaktion. Sie liebte Uwe! Wenn sie sicher war, dass er sie ebenfalls liebte, dann war sie bereit, ihn zu heiraten. Es war ihr Leben, sie war alt genug, um über sich selbst zu entscheiden. Am nächsten Tag rief sie Uwe in der Firma an und entschuldigte sich für den verpatzten Abend. Anschließend verabredeten sie sich zum gemeinsamen Abendessen.

In einem kleinen Restaurant im Zentrum der nahe gelegenen Kleinstadt setzten sie sich an einen Tisch in der Ecke. Es war noch früh am Abend, deshalb waren sie fast die einzigen Gäste. Uwe bedauerte die damalige Schlägerei, aber er hatte sich nur gewehrt, sonst hätte er den Schaden gehabt. Das war alles lange her, für ihn war die Sache längst erledigt. Die Bedienung brachte die bestellten Steaks mit reichlichen Beilagen und servierte dazu einen halbtrockenen Rotwein. Während des Essens, es war ganz vorzüglich, erzählte sich das junge Paar aus seinem bisherigen Leben. Nach einer Weile fragte Karin ihn erwartungsvoll rundheraus nach seinen Vorstellungen für die Zukunft. Ihr Herz zersprang fast vor Freude, als sie hörte, dass er sich ein Leben mit ihr vorstellen könnte. Sie ließ sich erst nichts anmerken, erwiderte aber dann doch seine Liebeserklärung. Uwe schlug vor, dass er ihr nach dem Abendessen noch kurz seine Wohnung zeigen wollte, bevor er sie nach Hause brachte. Nach einigem Zögern war Karin einverstanden, denn insgeheim suchte sie selbst schon nach einem eigenen Heim.

Uwes Wohnung war im Hochparterre einer Häuserreihe mit sechs Parteien pro Eingang. Die zwei Zimmer, Küche, Bad reichten auch für zwei Personen voll aus. Karin sah sich unauffällig in den Zimmern um und war angenehm überrascht. Alles war gepflegt, sauber und aufgeräumt. Er freute sich, dass ihr alles gefiel, nahm sie spontan in die Arme und küsste sie leidenschaftlich. Karin spürte die aufkommende Erregung, war nicht mehr sie selbst. Sie ließ es geschehen, als er unter ihren Pullover griff und den BH öffnete. Seine Hände auf ihren nackten Brüsten machten sie vollends willenlos, und auf dem Weg ins Schlafzimmer segelte ein Kleidungsstück nach dem anderen zu Boden. Auf dem Bett fielen sie leidenschaftlich übereinander her. Das Haus, die Wohnung, das Zimmer, nichts war mehr real. Die Zeit verlor ihre Bedeutung. Immer wieder trafen sich ihre Lippen, tasteten den Körper des anderen ab, bis aus einer Bewegung heraus beide eng umschlungen einen gemeinsamen Rhythmus fanden. Uwe konnte es kaum glauben, dass sie noch Jungfrau war. Er genoss ihre feuchte Wärme, hielt einen Augenblick inne, drückte sie fester an sich, bewegte sich langsam weiter. Sie erwiderte den Druck, hielt seinen Rhythmus. Sie nahmen nichts mehr wahr, nur noch sich selbst. Die Bewegungen wurden heftiger, bis beide den Höhepunkt erreichten, der sich in nicht enden wollende Wellen fortsetzte. Voller Leidenschaft spielten ihre Zungen miteinander, als wollten sie sich nie wieder trennen. Schließlich lösten sich ihre verschwitzten, ermatteten, aber überglücklichen Körper und lagen dicht nebeneinander auf dem zerwühlten Bett. Karin war sich in diesem Augenblick sicher, dass sie sich nur für diesen Mann aufgehoben hatte. Eine ganze Zeit lagen sie noch Arm in Arm beieinander, bis Karin aufstand und ihre Kleider zusammensuchte, sie war auf eine Nacht bei Uwe nicht vorbereitet.

Von nun an trafen sie sich öfter in Uwes Wohnung, und jedes Mal brachte Karin einige Sachen von sich mit. So konnte sie dann auch mal über Nacht bleiben. Ihre Wünsche für eine gemeinsame Zukunft wurden immer konkreter. Uwes Wohnung reichte für einen Zwei-Personen-Haushalt aus. Endlich brauchte sich Karin nicht mehr mit ihrer Mutter zu streiten, denn die wurde von Tag zu Tag unzufriedener und nörgelte nur herum, weil jetzt auch ihre Tochter langsam, aber sicher außer Haus gehen wollte und sie alleine ließ. Das war nun mal der Lauf des Lebens, irgendwann nabelten sich die Kinder ab. Es dauerte nicht lange, bis Karin vollends bei Uwe einzog. Zur Arbeit war nun der Weg für sie auch etwas kürzer. Nach einer kurzen Zeit wurde seine Wohnung nach den gemeinsamen Bedürfnissen etwas umgestaltet. Dabei gab es die eine oder andere Meinungsverschiedenheit, aber nach einer Umarmung und ein paar Küssen war der Kompromiss schnell erreicht. Der alte Passat konnte auch endlich verschrottet werden, kurz bevor der TÜV ihn aus dem Verkehr gezogen hätte. Uwe überließ ihr seinen Opel und fand für sich bei einem Fordhändler ein gutes gebrauchtes Modell.

Wenige Monate später planten sie schon ihre Hochzeit. Uwe hatte keine Verwandtschaft mehr, und Karins Familie lehnte den zukünftigen Schwiegersohn ab. So sollte es nur eine kleine Feier mit Freunden werden. Die Termine mit dem Standesamt und der Kirche wurden festgelegt. Wer sollte alles eingeladen werden? Ganz so einfach war es nicht, die richtige Wahl zu treffen. Das Lokal wurde ausgesucht und auch hier der Termin abgesprochen. Ach ja, es musste noch jemand Musik machen. Schließlich war das Aufgebot bestellt und mit dem Pastor der Ablauf der Trauung besprochen. So langsam musste auch das Brautkleid ausgesucht werden, und Uwe brauchte einen neuen Anzug. Die Einladungskarten wurden verschickt. Kurz darauf kamen schon die ersten Zu- und Absagen. Karins Familie hatte sich langsam beruhigt, nachdem sie festgestellt hatte, dass sich Karin von ihrem Vorhaben nicht abhalten ließ. Letztendlich wurde sie doch eingeladen.

Blatt für Blatt wurde der Kalender dünner und der Vorabend der Hochzeit war da. Die ersten Teller und Tassen flogen, gefolgt von sonstigem alten Geschirr. Manch einer, der am Polterabend zur Gaststätte kam, hatte wohl vorher seinen Keller aufgeräumt. Vom Supermarkt war der Filialleiter mit einer Abordnung erschienen und brachte „Ladenhüter“ mit. Uwes Kollegen warfen sogar ein altes Waschbecken auf den Scherbenhaufen. In der Ecke des großen Saales konnten sich die Gäste am kalten Buffet reichlich bedienen. Drei Mann vom THW sorgten mit ihren Instrumenten für eine ausgelassene Stimmung und eine stets volle Tanzfläche. Bis tief in die Nacht hinein wurde zünftig gefeiert. Vor dem Standesbeamten am nächsten Tag waren in den Gesichtern die Spuren des Junggesellenabschieds noch deutlich zu sehen. Nach dem Ja-Wort der beiden Brautleute begann für sie nun ein neuer Lebensabschnitt, und Karin musste sich daran gewöhnen, mit dem neuen Namen zu unterschreiben.

Am folgenden Tag half Anke ihrer Freundin Karin für die kirchliche Trauung ins Brautkleid, wobei sie ein wenig bedauerte, dass sie selbst im Augenblick keine feste Beziehung hatte. Karin hatte sich ein langes modern geschnittenes Kleid ausgesucht. Der ausgestellte Reifrock war am unteren Rand mit Pailletten besetzt, deren Muster sich am leicht ausgeschnittenen Oberteil wiederholte. Die weißen Schuhe mit den kleinen Absätzen wurden nur sichtbar, wenn Karin versehentlich große Schritte machte. Die angeschnittenen Ärmel bedeckten ihre muskulösen Arme nur wenig. Anke half ihrer Freundin, die Perlenkette anzulegen, ein altes Familienstück, das Karins Mutter schon bei ihrer Hochzeit getragen hatte. Der Schleier ließ sich ohne Probleme an den hochgesteckten Haaren befestigen. Karin hatte ihre sonst sportlich kurze Frisur extra für diesen besonderen Tag in ihrem Leben geändert. Als Krönung steckte Anke noch ein Diadem mit dem Paillettenmuster in die Haare. Nun noch die Handschuhe und das kleine Täschchen. Karin betrachtete ihr Spiegelbild und strahlte überglücklich, sie sah einfach bezaubernd aus. Wo aber war der Brautstrauß? Fast versteckt lag das kleine Orchideengesteck auf dem Sessel in der Ecke. Auch Uwe hatte sich schick gemacht. Er entschied sich für einen dunkelblauen Anzug mit länger geschnittenem Jackett. Die Weste ließ nur einen kleinen Teil seines mit Rüschen besetzten Hemdes erkennen. Die große weinrote Fliege verdeckte den Kragen, der oberste Knopf ließ sich ohne Not schließen. Die schlichten schwarzen Schuhe rundeten das Erscheinungsbild vorteilhaft ab.

Als die Mutter Braut und Bräutigam sah, konnte sie die Tränen nicht ganz verbergen. Sie bat Uwe um Verzeihung und wünschte ihm alles Glück dieser Erde mit seiner Karin. Kurz bevor die Brautleute den Altar in der Kirche erreichten, trat Karins Bruder aus der Bank und reichte Uwe die Hand zur Versöhnung. Was konnte dieser anderes tun, als seinem Schwager freundschaftlich auf die Schulter zu klopfen. Karin war glücklich, dass der Friede überall hergestellt war. Der Pastor, der Karin seinerzeit konfirmiert hatte, erschien und die Zeremonie begann. Nach den Liedern, den Gebeten und der Predigt wurden nach den deutlich zu vernehmenden Ja-Worten die Ringe getauscht. Noch ein dicker Kuss bei Glockengeläut, dann stand die ganze Gesellschaft für den Fotografen bereit. Ein Bild nur mit dem Brautpaar, das nächste mit der Familie, es wollte einfach kein Ende nehmen. Vor der Kirche standen viele Gratulanten, Uwes Fußballclub war angetreten und bildete ein Spalier, ebenso eine Abordnung vom THW, Bekannte, Nachbarn und Freunde. Alle wünschten viel Glück für die Zukunft.

Endlich ging es im Konvoi zur Gaststätte. Vom THW waren vier Musiker gekommen und bauten ihre Instrumente auf. Außer der Familie waren gute Freunde und Arbeitskollegen von Karin und Uwe anwesend. Damit war die Gesellschaft nicht allzu groß, und das Brautpaar konnte sich ausreichend um die Gäste kümmern. Die Bedienungen verteilten fleißig die gewünschten Getränke, dem frischgebackenen Ehepaar prostete man reichlich zu. Schließlich wurde die Vorspeise aufgetragen. Nach der Suppe gab Karins Bruder eine Satire über das Brautpaar zum Besten, die Gesellschaft amüsierte sich köstlich. Es folgten wieder die besten Wünsche für die Zukunft, alle erhoben ihre Gläser und stießen auf Karins und Uwes Wohl an. Ganz allmählich konnte Karin sich entspannen, denn nun lief die Feier von allein. Nach dem Menü und der Nachspeise trug ein befreundetes Ehepaar eine Hochzeitszeitung vor. In den Versen wurde jeder bedacht, wobei mancher sich ganz gerne einen anderen Text über sich gewünscht hätte. Es fehlte nicht an guten Ratschlägen für den Alltag, die aber nicht immer ganz so ernst gemeint waren. Jedenfalls wurde die Zeitung begeistert aufgenommen. Endlich war es so weit. Der obligatorische Walzer holte erst das Brautpaar und anschließend die anderen Gäste auf die Tanzfläche. Die Musikmischung passte genau zu der Gesellschaft, es war für jeden etwas dabei. Wer wollte, konnte sich zwischendurch bei Kaffee und Kuchen stärken. Bei kleinen Gesellschaftsspielen und Sketchen von einigen Gästen verging der Nachmittag wie im Fluge.

Irgendwann trafen sich Karin und Uwe auf der Tanzfläche wieder und schauten sich glücklich und zufrieden in die Augen. Die Gäste waren gut drauf, es gab keine Pannen, was wollte man mehr. Eine Jugendgruppe führte mehrere Jazztänze vor, und zur vorgerückten Stunde zeigte ein Schwarzlichttheater sein Können. Diese Feier würde bestimmt auch noch nach Jahren in aller Munde sein, und so sollte es auch sein. Gegen Mitternacht wurde der Schleier abgetanzt und anschließend die Hochzeitstorte angeschnitten. Der Bäcker hatte wirklich ein Kunstwerk gezaubert. Noch lange harrten die Gäste aus, bis die ersten auf ihren Stühlen einschliefen. Uwe ahnte, dass man ihnen das gemeinsame Schlafzimmer verwüsten wollte, aber er lockte die möglichen Täter auf die falsche Fährte. Die waren zwar am nächsten Tag sauer, aber dafür hatten er und seine Frau eine ruhige Nacht und einen erholsamen Schlaf.

Die Hochzeitsfeier war vorüber, die letzten Geschenke ausgepackt, Danksagungen verschickt und der Alltag versuchte die Eheleute zu umklammern. An eine Hochzeitsreise war im Augenblick nicht zu denken. Karin musste wieder in den Supermarkt und Uwe in seine Firma. Sein Chef hatte einen Großauftrag abgeschlossen, ab jetzt waren Überstunden angesagt. Wie lange, konnte noch nicht vorhergesehen werden, denn es gab möglicherweise noch Folgeaufträge. Für die nächsten Monate war die Freizeit knapp bemessen, da musste man durch.

Im Spätsommer konnten Karin und Uwe endlich ihre gemeinsame Reise nachholen. Sie buchten einen Last-Minute-Trip nach Portugal. Sie entschieden sich für ein kleines Hotel an der Algarve in der Nähe von Faro. Es war nicht weit vom Strand entfernt. Um diese Jahreszeit konnten sie die Temperaturen gut aushalten, denn die große Hitze war vorüber. Tagsüber tummelten sie sich am Strand und in den Wellen. Am späten Nachmittag gingen sie zum Hotel zurück und wollten für sich sein. Nach dem Abendessen im Hotel bummelten sie durch den Ort, immer auf der Suche nach einer Bar, in der sich nicht so viele Touristen trafen. Uwe erkundigte sich nach einem Leihwagen, denn beide liebten auch die Natur und sie wollten nicht den ganzen Tag nur am Strand herumsitzen. Sie unternahmen mehrere Ausflüge ins Hinterland und entdeckten die herbe Schönheit des Monchique-Gebirges. So verlebten sie geruhsame Tage, hatten aber auch reichlich Abwechslung. Dann hieß es, Abschied nehmen, und wieder saßen sie im Flugzeug. Es fiel beiden schwer, den Alltag routiniert zu organisieren, das ließ Uwes Schichtarbeit nicht zu. Die Monate flogen dahin, der Winter kam, fiel aber in diesem Jahr milder aus als sonst. Dann, an diesem Montagmorgen im Dezember, geschah das Unfassbare, es sollte beide Leben total aus dem Gleichgewicht bringen …

Aus dem Autoradio erklang die Uhrzeit, es war 6:50 Uhr. Karin lag erst wenige Minuten in dem Wrack, das einst ihr Auto war, aber sie lebte und war bei vollem Bewusstsein. Sie bekam alles mit, was um sie herum geschah. Ein Mann sprach sie durch die zerbrochene Scheibe an. Er sagte ihr, dass die Feuerwehr und Rettung unterwegs seien. Er erkundigte sich nach ihrem Befinden, versuchte, ihr aus dem Auto zu helfen, aber es gelang ihm nicht. Das kalte Wasser, in dem sie halb lag, merkte sie kaum. Karin blickte ängstlich um sich. Nur schwer konnte sie begreifen, dass dieser Blechhaufen ihr Opel war. Sie versuchte wieder, ihre Gliedmaßen zu bewegen. War etwas gebrochen? Blutete sie irgendwo? Wie lange musste sie hier noch aushalten? Ihre Gedanken überschlugen sich, wurden langsam unerträglich. Endlich hörte sie aus der Ferne Martinshörner von verschiedenen Fahrzeugen. Feuerwehrleute tauchten auf und berieten die Lage. Mit Spreizern und Rettungsscheren befreiten sie die eingeklemmte Frau aus ihrem Fahrzeug. Sanitäter griffen zu, legten sie äußerst vorsichtig auf eine Trage. Nun erst spürte sie die Schmerzen und schrie, konnte es kaum aushalten. Der Notarzt tat sein Bestes, aber für Karin war es die Hölle.

Plötzlich tauchte ein Verdacht in ihr auf. War es das kalte Wasser, oder war es eine Verletzung an der Wirbelsäule, weil sie so verdreht im Auto gelegen hatte? Warum fühlte sie nichts in den Beinen, konnte die Füße oder die Zehen nicht bewegen?

Was war mit ihr los? *Bin ich etwa querschnittgelähmt*, dachte sie voller Schrecken. Behutsam wurde Karin im Fahrzeug platziert und gepolstert, damit sich ihre Lage nicht verändern konnte. Sie wusste nicht, ob sie weinen oder jammern sollte, und war fast einer Ohnmacht nahe. Die Türen schlossen sich, und die Fahrt in die Ungewissheit begann.

Als Unfallursache stellte die Polizei fest, Aquaplaning ohne Fremdverschulden. Die Beamten verständigten gegen 7:30 Uhr die zuständige Straßenmeisterei, die sofort in den umliegenden Ortschaften Warnschilder aufstellte. Die Unfallstelle wurde für die Rettungs- und Bergungsarbeiten über mehrere Stunden gesperrt. Ein Räumbagger versuchte stundenlang vergebens, den teilweise verstopften Graben entlang der Landstraße, nahe des Kalkwerkes, freizubekommen. Die Behörde hatte am nächsten Tag ein Tiefbauunternehmen beauftragt, den Vorfluter auszubaggern. Wie ein Pfropf hatten sich hier Äste, Laub und Erdreich angesammelt und verdichtet. Das viele Regenwasser konnte nicht abfließen und hatte die Landstraße mehrere Zentimeter hoch überspült. Diese Arbeiten waren aber erst durchgeführt worden, als aufgebrachte Autofahrer und Passanten über den tragischen Unfall in der Zeitung lasen. Dadurch wurde bekannt, dass sich Karin bei dem Unfall eine schwere Rückgrat-Verletzung zugezogen hatte. Für das Ehepaar Wagner war es ein schwarzer Tag in seinem jungen Leben und Glück

2. Kapitel

Langsam wirkte das schmerzlindernde Mittel, das der Notarzt gespritzt hatte, doch Karin wimmerte immer noch, zu stark waren die Schmerzen. Der Kreislauf war stabil, die Atmung gab ebenfalls keinen Grund zur Sorge. Vorsichtig fuhr der Rettungswagen in die untere Halle des Krankenhauses bis vor die Fahrstuhltür. Von hier aus ging es direkt zur Intensivstation. Die Schwestern schnitten Karin ganz behutsam die Kleidung vom Leib. In den Haaren hatte sie noch viele Glassplitter, die keine Gefahr darstellten, aber entfernt werden mussten. Außer etlichen Prellungen waren kaum äußerliche Verletzungen zu sehen. Ihre Lage im Auto und die wahnsinnigen Schmerzen ließen vermuten, dass die Wirbelsäule stark geschädigt worden war. So transportierte man Karin schnellstens in die Röntgenstation. Wieder wurde sie mit größter Vorsicht bewegt, denn niemand kannte das Ausmaß der Verletzungen. Dann brachten aber die Aufnahmen den Befund ans Tageslicht: Der zwölfte Brustwirbel war gebrochen und die Nerven durchtrennt. Wie weit hier etwas reparabel schien, konnten nur weitere Untersuchungen ergeben. Deshalb testeten die Ärzte auch die Muskelströme. Auch hier sah es nicht gut aus für Karin. Schließlich wurde die Computertomografie durchgeführt. Ein Funken Hoffnung war noch da, operiert werden musste auf jeden Fall.

Bevor nun alle Befunde ausgewertet waren, kam die Anästhesistin und füllte mit Karin den Patientenbogen aus. Dabei konnte Karin sich an alles erinnern, sie hatte keine Probleme. Endlich tauchte Dr. Volkmar auf. Er war ein großer, kräftiger Mann mittleren Alters. Mit seiner ruhigen Stimme und besonnenen Art schaffte er sogleich ein großes Vertrauensverhältnis. Er klärte Karin über ihren körperlichen Zustand auf und erläuterte die Maßnahmen, die notwendig seien, um ihre Unfallfolgen zu beheben bzw. die Schmerzen zu lindern. Gleichzeitig machte er aber auch auf die Risiken aufmerksam. Im Grunde genommen blieb Karin keine andere Wahl, sie stimmte der Operation zu. Unverzüglich wurde alles vorbereitet, denn es sollte keine Zeit verloren werden. Als Karin aus der Narkose erwachte, waren bei ihr drei Wirbel mit Platten verschraubt, die Nerven aber konnten nicht mehr verbunden werden. Das bedeutete, dass Karin vorerst nicht laufen konnte.

Sie als lebenslustige Frau, Mitte 20, ein Jahr verheiratet und vielleicht ein Leben lang im Rollstuhl! Das war niederschmetternd. Dabei hatte sie sich die Zukunft mit Uwe so schön vorgestellt. Eine schicke Wohnung oder vielleicht ein kleines Häuschen, ein oder mehrere Kinder, auf jeden Fall ein so hohes Einkommen, dass man schuldenfrei war und sich noch etwas leisten konnte. All die schönen Träume zerschellten an diesem verdammten Baum an der Landstraße an diesem Morgen.

Karin lag in ihrem Bett, an vielen Schläuchen angeschlossen. In die Blase wurde ein Katheter gelegt, damit sie sich in den Beutel, der unter dem Bett hing, erleichtern konnte. Da Karin auch keine Kontrolle über ihren Darm hatte, bekam sie eine Tablette, die dafür sorgte, dass sie nach einer gewissen Zeit abführen konnte. Nach der Narkose noch nicht ganz wach, drehte sie ihren Kopf zum Fenster. Nahmen ihre Augen überhaupt etwas wahr? Worauf waren sie fixiert? Sie wusste es selbst nicht, langsam, aber stetig flossen ihre Tränen. Sie hörte nicht, wie ihre Zimmertür leise geöffnet wurde. Uwe schlich sich herein. Er wollte sehen, ob seine Karin ansprechbar war und wie es ihr ginge. Mit tränennassem Gesicht sah sie ihn an. Er beugte sich zu ihr hinunter, nahm behutsam ihren Kopf in beide Hände und küsste ihr die Tränen weg.

„Was machst du bloß für Sachen, mein Schatz. Ich war den ganzen Morgen unterwegs. Erst als ich am Nachmittag in die Firma kam, bekam ich die Nachricht von deinem Unfall."

„Ich lebe ja noch, aber ich habe keine Vorstellung, wie es weitergehen soll", antwortete sie, und Tränen rannen ohne Ende, während sie sprach.

„Ich habe das Elend während meines Praktikums gesehen, aber nie im Leben daran gedacht, dass ich auch einmal davon betroffen sein würde“, schluchzte sie weiter.

Uwe versuchte, seine Frau zu trösten, aber welche Worte konnten das? Er wusste es nicht und nahm Karin behutsam und so gut es ging in den Arm. Dann schob er einen Sessel an ihr Bett und hielt ihre Hand. Die Narkose war noch nicht ganz aus ihrem Körper gewichen, deswegen schlief sie ab und zu wieder ein. Auch Uwe versuchte, etwas Ruhe zu finden, aber es gelang ihm nicht. Wie sollte es weitergehen? Er als Ehemann mit einer behinderten Frau! Ganz abgesehen von einer fehlenden behindertengerechten Wohnung oder einem Haus. Wie wäre es, wenn sie ausgehen wollten, zum Tanzen, zu Freunden oder in den Urlaub fahren? Wie sähe ihr Verhältnis zueinander aus, das alltägliche Miteinander, die Betreuung und Pflege? Und nicht zuletzt die große Frage: Konnte er seine Frau so lieben wie bisher? Alle diese Fragen mündeten in zwei Möglichkeiten: Reichte seine Liebe zu Karin für den Rest seines Lebens, um sie so zu akzeptieren, wie sie war, oder reichte sie nicht? Darüber schlief er in dem etwas unbequemen Sessel ein.

Am nächsten Morgen, es war ein herrlicher Wintertag, aber leider ohne Schnee, sah die Welt schon etwas besser aus. Karin freute sich, dass ihr Mann noch bei ihr war, und weckte ihn behutsam auf, indem sie ihn liebevoll beim Namen rief. Erschreckt sah sich Uwe um, denn er wusste im ersten Moment gar nicht, wo er war. Auch Karin hatte bis lange in die Nacht über ihr weiteres Leben gegrübelt. Die bange Frage war für sie: Konnte sie ihrem Mann die Liebe geben, die er sich von ihr wünschte? Sie wusste es nicht, aber sie würde alles versuchen, wenn er bei ihr bliebe. Karin sah Uwe direkt an und sagte mit fester Stimme: „Wenn du bleiben willst, dann bleib, ich will versuchen, dir trotz meiner Behinderung eine gute Frau zu sein. Wenn du gehen willst, dann geh’ gleich. Wenn du später gehst, erschieße ich dich!“

Wie ein Schlag trafen ihn diese Worte, aber er hatte inzwischen auch seine Entscheidung getroffen und antwortete: „Was erzählst du da für einen Quatsch! Ich liebe dich, mein Schatz, und ich will alles versuchen, dir das Leben so angenehm wie möglich zu machen. Nur gemeinsam können wir das durchstehen. Nun lass uns nicht mehr darüber reden." Zum Beweis beugte er sich zu seiner Frau und gab ihr einen langen innigen Kuss.

Plötzlich räusperte sich jemand hinter ihnen. Es war Dr. Volkmar, der zur Visite erschien. Uwe wollte das Zimmer verlassen, aber der Arzt hielt ihn zurück. „Guten Morgen, Frau Wagner, wie fühlen Sie sich heute Morgen?"

„Wenn ich laufen könnte, ginge es mir besser, Herr Doktor", klang es spontan aus ihrem Mund. Der Arzt erklärte dem Ehepaar den Verlauf der Operation. Zum Schluss nahm er mit Bedauern Karin die Hoffnung, dass sie je wieder laufen könne. Es war dem OP-Team nicht gelungen, die getrennten Nervenstränge wieder zu verbinden. Welch eine niederschmetternde Gewissheit! Die musste erst einmal verarbeitet werden. Dr. Volkmar setzte seine Visite fort und nach einer ganzen Weile verabschiedete sich auch Uwe von seiner Frau, denn er musste ja wieder zur Arbeit.

Im Laufe des Vormittags kam Karins Mutter zu Besuch. Ihre Freude, dass Karin lebte, wurde sofort getrübt, als sie erfuhr, dass ihre Tochter nie mehr laufen könne. Die Tränen versiegten erst, als Karin ihr klarmachte, dass sie ja nicht der erste Mensch mit einer Querschnittslähmung und sicherlich auch nicht der letzte sei. Viele hatten ja ihre Situation halbwegs gemeistert, aber viele waren auch verzweifelt. Karin war nicht der Typ, der sich unterkriegen ließ, also tröstete sie jetzt ihre Mutter. Allmählich wich die Traurigkeit und die beiden konnten sich halbwegs sachlich über die Zukunft unterhalten. Die bisherige Wohnung, in der Karin mit ihrem Mann lebte, war natürlich viel zu klein. Man musste sich rechtzeitig um etwas Größeres kümmern. Ihre Mutter wollte sich schon mal umhören. Lange blieben Mutter und Tochter noch zusammen und berieten sich.

Der Rest der Woche war für Karin mit etlichen Tests und Untersuchungen ausgefüllt. In der Zwischenzeit wurde ein Gipsabdruck gemacht, denn Karin sollte ein Korsett tragen, damit der Rücken stabilisiert wurde. Ohne das durfte sie sich nicht aufrichten. Uwe kam jeden Tag zu Besuch und freute sich über Karins gesundheitliche Fortschritte. Die Schmerzen waren erträglich, aber die Bewegungsfreiheit fehlte ihr so sehr, doch Karin fand langsam zu ihrem alten Humor zurück. Die Schwestern waren alle nett und freundlich, selbst über das Essen konnte sie sich nicht beklagen. Eigentlich hatte sie nichts auszustehen, doch ihr größter Wunsch war, mit erhobenem Haupt die Klinik zu Fuß zu verlassen, doch der konnte ihr leider nicht erfüllt werden. Sie freute sich über die Abwechslung durch die Besuche von ihren Freunden und Bekannten. Manchmal wunderte sie sich aber über deren Reaktionen. Bestürzt waren sie alle, aber die meisten wussten nicht, wie sie mit der Behinderung umgehen sollten. Einige betrachteten sie als Krankheit, doch Karin sagte dann immer: „Was wollt ihr denn, ich bin doch nicht krank, ich kann nur nicht laufen." Einige wenige Freunde behandelten Karin aber so, als wäre nichts gewesen, und akzeptierten die Situation. Das war auch genau das, was sie wollte, denn dadurch zeigten sich die wahren Freundschaften.

Das Korsett wurde gebracht. Das Anlegen war eine Tortur. Eigentlich sollte es passen, aber es zwickte noch hier und drückte da. Daran musste sich Karin erst gewöhnen. So schnell wie möglich sollte die Krankengymnastik beginnen, die Muskulatur musste aufgebaut werden, damit Karin ihren Rücken besser stabilisieren konnte. Endlich kam die Therapeutin und begutachtete das Korsett. „Kein Problem, Frau Wagner, wir arbeiten das etwas nach, dann passt es schon."

Karin war zuversichtlich. Einige Tage später kam ihr Bruder zu Besuch, brachte etwas zu lesen mit und sagte im Spaß: „Du hast ja 'ne dolle Nummer abgezogen. Musstest du denn bei dem Regen so schnell fahren? Damals im Steinbruch hattest du ja noch Glück gehabt, aber nun?"

„Hallo, Wolfgang, du brauchst mir keine Vorwürfe zu machen. Den Anpfiff habe ich mir schon selber verpasst. Letztendlich konnte ich aber nichts dafür, denn als das Auto vor mir durch das Wasser fuhr, wusste ich erst, wie hoch die Straße überschwemmt war. Ich weiß, was ich falsch gemacht habe, aber das hilft mir jetzt auch nicht weiter."

„Ja, du lebst“, antwortete ihr Bruder, „das ist das eine, aber wie soll es weitergehen mit deinem Alltag und mit deiner Ehe? Was ist mit Uwe, wann macht der die Fliege?“

„Um Uwe brauche ich mir keine Sorgen zu machen, der bleibt, und das andere wird sich schon irgendwie finden“, entgegnete Karin.

„Das glaubst du, warte mal ab. Wie willst du ihm denn zum Beispiel die sexuelle Erfüllung geben können? Das macht der doch nicht lange mit, und dann sucht er sich eine andere!“

„Das lass mal unsere Sorge sein. Da kümmere dich nicht drum, und wenn ich Hilfe brauche, dann hole ich sie mir, aber ganz bestimmt nicht von dir.“ Karin wurde langsam wütend, aber hatte ihr Bruder nicht irgendwie recht? Sie wischte ihre Zweifel weg und unterhielt sich noch eine Zeit lang mit Wolfgang. Auf dem Gang klapperte Geschirr, es war Zeit zum Abendessen. Wolfgang verabschiedete sich, wünschte ihr alles Gute und baldige Genesung.

Das Korsett passte beim zweiten Anlauf. Die Therapeutin begann ganz vorsichtig mit den ersten Übungen. Karin biss die Zähne zusammen, versuchte, so gut es ging mitzumachen, aber sie hatte große Schwierigkeiten. Auch wurden die Schmerzen wieder schlimmer, so war es für den Anfang genug. In den nächsten Tagen ging es immer besser. Die Krankengymnastik zeigte erste kleine Erfolge, und für Karin war das die nötige Motivation. Mit allem musste sie aber von vorne anfangen, dabei konnte sie noch nicht einmal aufrecht sitzen. Sie war verzweifelt.

In diesem seelischen Tiefpunkt fand Uwe seine Frau vor, als er sie wieder besuchte. Erneut versuchte er, ihr Mut zu machen. Nur gemeinsam würden sie alles bewältigen können. Er konnte jederzeit seinen Jahresurlaub nehmen, für sie da sein, wenn sie ihn brauchte. Zwischendurch erzählte Karin von dem Besuch ihres Bruders. Fast wütend reagierte er auf Wolfgangs Bemerkungen und machte ihr deutlich, dass dieser für ihn kein Maßstab sei. Er sollte sich um seine eigenen Dinge kümmern und sie in Ruhe lassen.

„Er ist doch aber mein Bruder“, sagte Karin etwas kleinlaut.

„Das interessiert mich nicht“, brauste Uwe auf, „du kannst zehn Brüder haben. Das hier sind wir, und das ist unser Leben. Wir haben es uns anders vorgestellt, ja, aber wir müssen es jetzt so hinnehmen und damit zurechtkommen. Ich sage dir noch einmal, mein Schatz, und wenn du es möchtest, auch immer wieder, du bist mein Ein und Alles, ich liebe dich!“ Vor lauter Glückseligkeit schossen Karin die Tränen in die Augen. Sie suchte seine Hand und drückte sie ganz stark.

Bei der nächsten Krankengymnastik versuchte die Therapeutin wieder, Karin Mut zu machen. Ja, sie wollte sich nicht unterkriegen lassen, jetzt erst recht nicht! Sie konzentrierte sich auf die Übungen. Nach etlichen Tagen konnte Karin schon etwas aufrecht sitzen und sich dabei mit den Armen abstützen. Verbissen versuchte sie, auch bei den Mahlzeiten zu sitzen und sich so zu verhalten, als wäre alles normal. Die Schwestern, vor allen Dingen aber Dr. Volkmar, waren mit dieser Entwicklung sehr zufrieden. Sie staunten nicht schlecht über Karins Willensstärke, aber es lag noch ein langer Weg vor ihr.

Endlich war sie kräftig genug, dass sie nach drei Monaten im Krankenhaus zur Rehabilitation in eine andere Klinik verlegt werden konnte. Die Aufregung war riesengroß, denn die Leitung der Klinik ordnete an, dass Karin mit dem Hubschrauber transportiert werden sollte. Sie wurde in einem „Container“ so gepolstert eingepackt, dass keinerlei Gefahr für sie bestand. Diese Container sind spezielle Tragen, die für den Transport von Personen mit Verletzungen an der Wirbelsäule konstruiert wurden. Schließlich brachten die Schwestern den Container aufs Dach des Krankenhauses, wo der Hubschrauber bereits wartete. Die Piloten stellten sich namentlich vor und flößten Karin durch die besonnene Art des Umgangs mit ihr großes Vertrauen ein. Nun lag sie da, gut verzurrt, die Türen wurden geschlossen. Das Triebwerk heulte auf und langsam begannen sich die Rotorblätter zu drehen. Dann hörte man das übliche Bop, Bop, Bop, als die Blätter die Luft zerteilten. Fast wie eine Feder hob der Helikopter ab, ging in eine leichte Schräglage und schwenkte in Richtung Süden. Karin setzte sich die Kopfhörer auf und unterhielt sich mit den Piloten. Der Flug dauerte etwa eine halbe Stunde, dann sahen sie vor sich eine leicht bergige Landschaft mit großem Baumbestand. Mittendrin, auf einer großen Lichtung, erkannten sie den riesigen Komplex der Reha-Klinik. Der Helikopter flog in einem weiten Bogen in einer leichten Schräglage einmal um diesen Bereich. Dabei konnte sich Karin in Ruhe alles ansehen. So etwas hatte sie noch nie erlebt, sie konnte ihre Begeisterung kaum in Worte fassen.

Sie merkte nicht, wie die Maschine aufsetzte, wunderte sich nur, als das Triebwerk langsamer wurde und die Rotorblätter sich nicht mehr bewegten. Vorerst war sie am Ziel ihrer Reise. Die Piloten luden den Container aus, vier Schwestern legten Karin vorsichtig in ein bereitgestelltes Bett. Ein Dankeschön, ein letztes Winken zu den Piloten, und sie waren im Gebäude verschwunden. Karin wurde in ein Zweibettzimmer geschoben. Als die übliche Hektik vorüber war, wandte sie sich an ihre Leidensgefährtin, die im Rollstuhl am Fenster saß. „Hallo, ich heiße Karin und bin durch einen Unfall vor über drei Monaten zum „Querschnitt“ geworden.“

„Hallo, grüß’ dich, mein Name ist Katja. Ich bin jetzt die vierte Woche hier. Ich bin zu Hause von der Leiter gefallen und mit dem Rücken auf eine Steinfigur, die unmittelbar in der Nähe stand. Was mich am meisten dabei ärgerte, ich konnte das Ding nie leiden, es war von meiner Schwiegermutter. Ich hätte diese dämliche Figur schon längst wegschmeißen sollen.“

Karin entgegnete: „Das tut mir leid, aber was geschehen ist, ist geschehen, da müssen wir durch. Wie ist denn hier so das Leben? Es macht ja alles einen guten Eindruck.“

„Na ja“, antwortete Katja, „du siehst schon so manches Elend, aber man gewöhnt sich daran.“ Dann erzählte Katja, dass sie verheiratet war und zwei Kinder hatte. Sie wohnten zur Miete in einem Hochhaus in der Großstadt. Wenn die Wohnung nicht so toll wäre, hätten sie sich schon etwas anderes gesucht.

Auch Karin erzählte ein wenig aus ihrem Leben. Auf diese Weise kamen sich die beiden Frauen schnell näher. Die Zimmertür öffnete sich, eine Schwester legte Karin einen Prospekt aufs Bett. Sie sollte sich als Erstes einen Rollstuhl aussuchen. Die Größe und Bauart waren ihren Körpermaßen entsprechend vorgegeben, aber das Design! Hier ließ Karin ihrer Fantasie freien Lauf, denn sie wollte aller Welt zeigen, wie sie zu ihrer Behinderung stand. Selbst das poppigste Modell gefiel ihr nicht so recht, doch sie musste es nehmen, weil eine Sonderanfertigung nicht so schnell geliefert werden konnte. Da half auch kein Zähneknirschen. Inzwischen gelang es Karin auch schon ganz gut zu sitzen, aber sie musste ihre Beine jedes Mal mit Hilfe der Hände zurechtlegen. Manchmal kamen ihr diese vor wie nutzlose Anhängsel.

Uwe konnte jeden zweiten Tag kommen. Er sprach seiner Frau immer wieder Mut zu und kümmerte sich um alles, was so zu regeln war. Wie lange Karin hierbleiben musste, war ungewiss, aber nach einer Parterrewohnung wollte er sich schon mal umsehen.

Der Rollstuhl stand wenige Tage nach der Bestellung an Karins Bett. Gedankenverloren sah sie ihn an. Das sollte nun der ständige Begleiter ihres zukünftigen Lebens sein? Er sah ja nicht einmal schlecht aus, aber wie sollte sie ihn beherrschen? Eine etwas resolute Schwester betrat das Zimmer und stellte sich vor: „Ich bin Schwester Gabi. Machen Sie sich keine Sorgen, es wird alles gut werden. Stellen Sie sich einfach vor, der Rolli sind Ihre Beine. Sie müssen sich zwar noch aneinander gewöhnen, aber das kriegen wir hin. Wir haben hier schon ganz andere Sachen geschafft."

Karin war von dieser Art des Mutmachens beeindruckt. Die anderen Schwestern waren nicht so geradeheraus und behandelten die Patienten mehr wie rohe Eier! Mit den Worten: „Na, dann wollen wir mal", wurde Karin aus ihren Gedanken gerissen. „Ich werde Ihnen helfen, sich in den Rolli zu setzen, denn ich möchte Ihr Bett herrichten."

Karin wunderte sich, dass es leichter ging, als sie dachte. Da saß sie nun und versuchte, der Schwester bei ihrer Arbeit auszuweichen, aber das Zimmer war zu klein. Überall stieß sie mit dem Rollstuhl an, am Bett, an der Heizung, oder sie fuhr gegen die Wand oder auch dahin, wo sie gar nicht hinwollte.

„Wo kann ich denn einen Führerschein machen, damit mir meine neuen Beine gehorchen?", fragte Karin scherzhaft. Katja und die Schwester lachten, sie waren beeindruckt, dass die neue Patientin trotz der Behinderung so viel Humor aufbrachte.

„Das brauchen Sie nicht, das kommt von ganz allein", entgegnete die Schwester. „Sie werden das schon noch merken." Nur mit Hilfe gelangte Karin in ihr Bett zurück, dann waren die beiden Frauen wieder allein.

Nun hatte Karin ein volles Programm. Wichtig war vor allem, dass sie sich richtig umsetzen konnte. Vom Bett in den Rolli, vom Rolli auf die Toilette oder auf einen Stuhl usw. Ab jetzt hieß es, üben, üben, üben. Für diesen Zweck gab es einen Trainingstisch. Hier mussten die Neulinge trainieren, bis sie die Fertigkeiten beherrschen, denn das war für den Alltag notwendig. Für Karin waren es sehr anstrengende Tätigkeiten. Das Korsett behinderte sie ganz erheblich, denn in ihren Armen steckte noch nicht die ausreichende Kraft. Auf dem Flur musste sie besonders vorsichtig sein. Hier ging es manchmal zu wie auf einer stark befahrenen Straße. Die Flure und Treppenhäuser, wie natürlich auch alle Arten von Zimmern, waren großzügiger gebaut als in anderen Krankenhäusern, denn die Patienten konnten sich nur mit Hilfsmitteln fortbewegen. Außer den üblichen Rollstühlen gab es Liegen auf vier Rädern. Hier lagen die Patienten auf dem Bauch und trieben die Vorderräder mit den Händen an. Gelenkt wurden die Hinterräder, indem die Vorderräder jeweils gebremst oder entgegengesetzt bewegt wurden.

Karin freute sich besonders auf Schwester Gabi, denn diese nahm ihre Patienten so, wie sie waren. Mit ihrer Körpergröße von 160 cm war Gabi recht klein, aber durch ihre üppige Figur hatte sie eine besondere Ausstrahlung. Ihre humorvolle Art verriet, dass ihr stets der Schalk im Nacken saß. Sie lebte mit ihrem Mann in einer kleinen Wohnung nicht weit von der Klinik entfernt. Kinder hatten sie nicht. Wenn Schwester Gabi nicht die weiße Kliniktracht anhatte, dann war sie modisch immer auf dem neuesten Stand gekleidet. Das war natürlich ein besonderes Thema für Karin, und die beiden saßen dann oft zusammen und fachsimpelten. Gabi achtete stets darauf, dass den Patienten nicht zu viele Tätigkeiten abgenommen wurden. Sie sollten sich so weit wie möglich selbst helfen. Sie zeigte und erklärte z. B. den Umgang mit den Hilfsmitteln. Anschließend sollte es der Betreffende selbst versuchen. Zu Anfang ging das natürlich meistens schief, aber irgendwann klappte es dann doch.

Karin hatte auch große Unterstützung von ihrer Zimmergenossin. Katja war nicht größer als Schwester Gabi, aber durch ihre schmale Statur sah sie recht zierlich aus. Sie kleidete sich gerne etwas chic und bewegte sich nicht so häufig im Jogginganzug. Sie war auch meistens ernst und in sich gekehrt. Karin versuchte zwar, sie ein wenig aufzumuntern, doch das gelang ihr nicht immer. Durch Katja lernte sie viele kleine Tricks. Wie man sich kraftsparend an- und auszog, sich alleine wusch, alleine auf die Toilette ging und vieles mehr.

Karins Fahrversuche mit dem Rolli wurden immer besser. Im Zimmer hatte sie schon keine Schwierigkeiten mehr. Es ging aber alles noch langsam und vorsichtig vonstatten. Auf den Gängen kam es ihr allerdings manchmal so vor, als ob sie sich in eine Autobahn einreihen müsste. So war es auch nicht verwunderlich, dass sie eines Tages dermaßen mit einem jungen Mann so zusammenstieß, dass sich beide Rollstühle verhakten. Sie lachten und begrüßten sich mit den Worten:

„Hei, ich bin der Johann, ich bin schon das zweite Mal hier."

„Hei, ich heiße Karin und bin das erste Mal hier. Bist du eigentlich immer so stürmisch?"

„Normalerweise nicht, aber ich hatte wohl etwas viel Schwung drauf", sagte er mit verzeihendem Lächeln. Irgendwie schwang er sich aus seinem Rollstuhl und trennte die beiden fahrbaren Untersätze. Karin konnte nur darüber staunen, wie er sich anschließend wieder auf seinen Rolli zog und zurechtsetzte. Auch er war ein Querschnitt genau wie sie. Etwas unterhalb des Bauchnabels abwärts war nichts mehr zu spüren.

Alles war so schnell gegangen, dass sie erst jetzt dazu kam, Johann etwas genauer zu betrachten. Sein Körper wirkte kraftvoll, er musste wohl auch Mitte 20 sein. Jetzt, aufrecht sitzend, lächelte er sie verschmitzt an. Er mochte etwas größer sein als Karin, das konnte man bei Rollstuhlfahrern immer schlecht abschätzen, aber seine 1,75 m würde er wohl haben und seine 80 kg wiegen.

„Das war ja eine beeindruckende Vorstellung", setzte Karin die Unterhaltung fort. „Das möchte ich auch lernen, denn ich schaff das noch nicht, wenn ich mal aus dem Rolli fallen sollte."

„Kein Problem, das zeig ich dir, aber das kostet Kraft. Was machst du für ein Training?"

„Ich habe bisher die Hanteln genommen und am Tisch das Umsetzen geübt. Ich bin ja noch nicht so lange hier."

„Da musst du schon mehr tun, wenn du das schaffen willst. Ich werde dir erst mal zeigen, wie man richtig mit dem Rolli umgeht, und das andere sehen wir dann. Also, dann pass mal auf." Damit begann Johann die Privatausbildung für Karin. Die Schwestern hatten ihr den Umgang mit dem Rolli zwar gezeigt, aber Johann beherrschte so einige Tricks. Anfahren, ausweichen, auf der Stelle drehen, abrupt bremsen, das alles zeigte Johann ihr, und sie musste die Übungen sogleich nachmachen.

Zufällig fiel ihr Blick auf die große Uhr an der Wand.

„Es ist Zeit zum Mittagessen, ich begebe mich auf mein Zimmer. Nachher habe ich sowieso wieder Krankengymnastik. Man sieht sich." Damit drehte sich Karin um und wollte los.

„Halt, halt", rief er ihr hinterher, „hat dir noch keiner gesagt, dass man es nicht gerne sieht, wenn wir auf dem Zimmer essen? Wer sich halbwegs bewegen kann, der sollte in den Speisesaal."

„Aber der ist doch viel zu klein" warf sie ein.

„Nein, nein, das passt schon, diese Station ist jetzt ab halb 12 dran. Komm mit, ich lad dich heute zum Essen ein."

Scherzkeks, dachte Karin.

Gemeinsam machten sie sich auf den Weg. Mit dem Fahrstuhl runter ins Erdgeschoss, dann den langen Gang entlang in den flachen Anbau durch die große Tür in den Speisesaal. Das Klappern von Tellern, Bestecken und das Stimmengemurmel hörte man schon von Weitem. Es war wirklich viel Platz hier, und sie rollten zu einem freien Tisch. Sofort kam die Bedienung, fragte nach der Zimmernummer und dem Namen. Es gab einen Gemüseeintopf für alle. Sonst wurde nach den Vorgaben der Ärzte die Mahlzeit entsprechend zusammengestellt und serviert, aber das ging mitunter recht schnell.

„Darf ich mich zu euch setzen", fragte Katja und steuerte auf den Tisch zu, „ihr seid so schnell im Fahrstuhl verschwunden, ich kam gar nicht hinterher."

„Das macht nichts", entgegnete Johann „hier geht auch keiner verloren." Zu dritt setzten sie nun beim Essen die Unterhaltung fort.

Wieder in ihrem Zimmer wartete Karin auf die Therapeutin. Es dauerte nicht lange, dann erschien eine etwas vollschlanke kräftige Frau mittleren Alters und stellte sich vor. Während der Gymnastik unterhielten sie sich auch über die möglichen Sportarten, die hier im Hause angeboten wurden. Karin sollte doch mal, ihren Neigungen entsprechend, etwas aussuchen und probieren, um den verbliebenen Bereich ihres Körpers, den sie noch kontrollieren konnte, fit zu halten. Ja, sie wollte sich gleich am nächsten Tag darum kümmern. Nach der Krankengymnastik ruhte sich Karin aus, denn der bisherige Tagesverlauf hatte sie ganz schön mitgenommen.

Am späten Nachmittag kam Uwe zu Besuch. Karin fuhr mit ihm in den Aufenthaltsraum der Station. Zufällig war der Raum leer, was selten vorkam. Sie berichtete, was in der Zwischenzeit alles so geschehen war. Ganz stolz zeigte sie ihm, wie sie mit ihrem Rolli umgehen konnte. Aber sie hatte doch noch einige Schwierigkeiten. Das Korsett zwängte sie mittlerweile so sehr ein, dass ihre Beweglichkeit eingeschränkt wurde. Des Weiteren konnte sie sich einfach nicht an den Katheter in ihrer Blase gewöhnen. Ständig hatte sie das Gefühl, feucht zu sein und zu riechen. Das war ihr sehr unangenehm, das erklärte auch ihre Hemmungen. Uwe versuchte, ihre Furcht zu zerstreuen, aber so richtig gelang ihm das nicht. Sie sprach mit ihm auch über die Möglichkeit der sportlichen Betätigung im Hause. Er war begeistert. Sie sollte sich mal ansehen, was angeboten wird.

Die Unfallversicherung zahlte das Schmerzensgeld aus. So waren die finanziellen Sorgen schon um einiges geringer. Uwe hatte sich auch wegen einer Klage gegen die Gemeinde bei einem Anwalt erkundigt. Der wollte die nötigen Schritte einleiten. Schließlich war der Entwässerungsgraben verstopft gewesen, was zur Überschwemmung der Straße geführt hatte.

Hätte die Gemeinde dafür gesorgt, dass der Graben frei war, wäre der Unfall nicht passiert und Karin könnte heute noch laufen! Demnach standen ihre Chancen nicht schlecht.

Am Tag nach Uwes Besuch kam eine Ärztin zu Karin, stellte ihr die möglichen Sportarten vor und beriet sie, damit sie sich die für sie geeignetste aussuchen konnte. Angeboten wurden für Karins Behinderung: Rollstuhlbasketball, Tischtennis oder Bogenschießen. Karin überlegte nicht lange, denn für Basketball und Tischtennis brauchte man ja einen Mitspieler oder sogar eine ganze Mannschaft. Da war Bogenschießen schon günstiger, denn diesen Sport konnte sie allein ausüben. Mit unsicherem Gefühl wollte sie es einmal mit Pfeil und Bogen versuchen, denn für Sport hatte sie bisher nicht viel übriggehabt.

„Dann heißt es ab jetzt für Sie klotzen und nicht kleckern", sagte die Ärztin mit einem leichten Schmunzeln. Das sollte wohl bedeuten, dass Karin nun fleißig trainieren sollte. Am Nachmittag fuhr sie in das „Sportzentrum" der Klinik und sah sich um. In der Halle spielten gerade zwei Mannschaften Rollstuhlbasketball. Was war das für ein ungewohntes Bild! Einige Spieler waren noch nicht so lange dabei. Das merkte man schon daran, wie sie teilweise noch etwas unbeholfen mit den Rollstühlen umgingen. Aber der Anblick machte Karin Mut, denn es meckerte niemand, wenn einer den Ball nicht richtig fangen konnte oder auch den Korb verfehlte. Karin hatte das Gefühl, dass die Spieler nicht wie Konkurrenten, sondern wie gute Kumpel miteinander umgingen. Schließlich war das Spiel aus und die Betreuer führten die beiden Mannschaften aus der Halle. Als nächstes trainierten einige Rollstuhlfahrer, die nicht als Mannschaften antraten. Unter ihnen war auch Katja.

„Los, Karin, komm und mach mit! Das ist leichter, als du denkst. Nun sei doch kein Frosch!"

„Nein, nein, ist schon gut, ich will Bogenschießen ausprobieren", gab Karin zurück. Sie sah sich das Spiel noch eine Weile an und war überzeugt, die richtige Wahl getroffen zu haben. In diesem Augenblick ahnte sie noch nicht, wie sich alles für sie entwickeln würde. Sie winkte Katja noch zu, die gerade ihren Ball im Korb versenkte, und machte sich auf den Weg durch die

Anlage. Sie fuhr den langen Gang bis zum Ende entlang, dann bog sie nach rechts ab. Nun kam sie zu zwei kleineren Hallen. In der vorderen wurde Tischtennis gespielt, gleich dahinter fand sie die Bogenschützen.

„Hallo, ich bin die Karin, ich wollte mich mal umsehen", mit diesen Worten rollte sie etwas in den Raum hinein.

„Komm ruhig rein, du bist herzlich willkommen." Ein großer Mann im Jogginganzug kam mit ausgestreckter Hand auf sie zu.

„Ich bin der Jürgen, ich passe auf, dass hier nichts schiefgeht." Eine Frau mittleren Alters, ebenfalls im Rolli, mühte sich ab, die Scheibe zu treffen. Die meisten Pfeile gingen vorbei. Das war kein Wunder, denn ihre rechte Hand war stark deformiert. Sie konnte den Bogen nicht weit genug spannen und den Pfeil nicht richtig halten. Trotzdem gab sie nicht auf und versuchte immer wieder, die Scheibe zu treffen. Jürgen wandte sich indes an Karin und erklärte ihr, dass sie alles, was sie benötigte, hier ausleihen könne. Dann stellte er für sie die Ausrüstung zusammen. Sie legte den Arm- und Streifschutz an und rollte in Position. Der Trainer gab ihr den Bogen in die Hand. *Das war ja schon fast ein Hightechgerät*, stellte Karin erstaunt fest. Sie erinnerte sich noch an den Flitzebogen, den ihr Bruder mal gebastelt hatte. Mit geschnitzten Holzpfeilen hatte er auf Vögel zu schießen versucht, aber Gott sei Dank nie getroffen. Aber mit diesem Gerät aus Fiberglas und den Gegengewichten hätten die Vögel keine Chance. Unter Jürgens Anleitung legte sie den Pfeil ein, hob den Bogen in Position, spannte die Sehne mit zwei Fingern zwischen denen sie den Pfeil fixierte, zielte und – Schuss. Der Pfeil schlug neben der Scheibe, die nur etwa zehn Meter entfernt war, in die Holzplatte ein.

„Das fängt ja gut an", rief Karin enttäuscht. Sie hatte doch genau gezielt, aber wohl über die falschen Punkte. Beim nächsten Versuch steckte der Pfeil im Scheibenrand. Nach einigen weiteren Pfeilen, die auch nicht viel besser platziert waren, gab sie den Bogen und die anderen Utensilien frustriert wieder zurück. Für heute wollte sie Schluss machen. Es machte ja Spaß, aber sie merkte die Belastung der Muskeln in den Armen. Sie hatte einfach noch nicht genug Kraft, um den Bogen zu spannen und ruhig zu halten. Wieder im Zimmer ruhte sie sich erst einmal aus. Katja tauchte bald danach auf und war begeistert von ihrem Ballspiel. Noch lange unterhielten sich die Frauen über den Sport, bis sie erschöpft einschliefen.

Uwe konnte in dieser Woche vormittags kommen, und so erlebte er den aktiven Betrieb der Patienten, wenn sie zu Untersuchungen, Therapien oder sonst wo hinsollten. Inzwischen hatte Johann Karin viel beibringen können. Das ging schon so weit, dass es fast Ärger mit dem Pflegepersonal gab, als sich beide eine Wettfahrt mit dem Rolli lieferten. Karin beherrschte nun ihren fahrbaren Untersatz beinahe perfekt. Manchmal hatte sie das Gefühl, dass Katja etwas neidisch war, weil Karin schon nach der kurzen Zeit so beweglich war. Sie konnte z. B. den Rollstuhl ankippen und damit Bordsteinkanten überwinden. Katja dagegen fiel bei dieser Übung oft aus dem Rolli, und dann mussten die Schwestern kommen und sie wieder hineinsetzen, weil ihr die nötige Kraft fehlte. Auch hatte sie oft ihr Hanteltraining vernachlässigt und manchmal sogar die Nase gerümpft, wenn Karin unermüdlich ihre Übungen machte. Uwe war überglücklich, dass seine Frau so gute Fortschritte machte. Auch den Ärzten fiel das auf, und sie überlegten schon, wann sie Karin entlassen sollten.

Uwe bereitete sich intensiv auf diesen Moment vor, denn er hatte eine Wohnung im unteren Teil eines Zweifamilienhauses in Aussicht. Er zeigte Karin einige Fotos von dem Anwesen. Sie war begeistert, denn es war ein wunderschönes Haus. Die Vermieter waren sehr nette Leute, Uwe durfte einige kleine Änderungen durchführen, damit Karin gut zurechtkommen konnte. Sie war in Erwartung, die Klinik so schnell als möglich verlassen zu können, mit allem einverstanden.

Wieder musste Karin zur Untersuchung. Durch ihre ständige Bewegung mit dem Rollstuhl, Karin hatte sich nur in Ausnahmefällen helfen lassen, dem Training mit den Hanteln und dem regelmäßigem Bogenschießen veränderte sich ihr Oberkörper fast zusehends. Langsam wurde die Benutzung des Korsetts eine regelrechte Tortur, aber durch den Heilungsprozess der

Wirbelsäule und die entwickelte Oberkörpermuskulatur wurde es schließlich überflüssig. Mehrere Ärzte begutachteten Karin und kamen übereinstimmend zu dem Entschluss: „Diese Frau ist ein Phänomen, wir brauchen sie nicht mehr lange hier zu behalten." Für Karin war das die Nachricht, auf die sie so sehnlichst gewartet hatte. Sie rief gleich ihren Mann in der Firma an und verkündete die Neuigkeiten. Nun hieß es für ihn, die Wohnung für den großen Tag vorzubereiten.

3. Kapitel

Uwe betrachtete immer wieder die Bilder von dem Haus. Es war am Hang gebaut und bestand eigentlich aus einem Doppelhaus, das übereinander angeordnet war. Für jeden Bewohner gab es eine eigene Einfahrt in die übereinanderliegenden Garagen sowie den Lebensraum zu ebener Erde. Im unteren Teil kam man von der Garage, die seitlich am Gebäude lag, in einen Vorraum, der auch vom Garten zugänglich war. Dieser diente gleichzeitig als Hauseingang und Windfang. Durch eine weitere Tür gelangte man in den Flur, von dem die restlichen Zimmer abgingen. Zur Terrasse lag ein großzügiges Wohnzimmer mit angrenzendem Schlafzimmer. Zur Hangseite waren ein kleines Zimmer, das Badezimmer, die komplett eingerichtete Küche sowie der Vorratsraum angeordnet. Er war recht groß, eine Waschmaschine und ein Trockner konnten installiert werden, außerdem reichte es noch für ein paar Regale. Mit dem Rollstuhl zu rangieren, könnte dann auch noch gut möglich sein.

Im oberen Teil des Doppelhauses wohnte ein Ehepaar mittleren Alters. Die beiden wollten nicht nach unten umziehen, als ihre Eltern, die vorher die untere Haushälfte bewohnten, in ein Seniorenheim übersiedelt waren. Ihr erspartes Geld hatte Gott sei Dank für einen Platz in dem Wohnkomplex mit Betreutem Wohnen ausgereicht. Diese Gelegenheit wollten sich die Eltern nicht entgehen lassen. So konnte Uwe den unteren Teil des Hauses mieten und zögerte nicht lange. Nachdem alles geregelt und vertraglich festgelegt war, begann Uwe mit dem rollstuhlgerechten Umbau. Dazu gehörte im Badezimmer der Umbau der Dusche. Die Duschtasse konnte entfernt und der Boden gefliest werden. Das Bidet durfte ebenfalls abgebaut werden. Karin musste ja im Bad mit dem Rolli rangieren können. Auch die Waschbecken mussten abgesenkt werden.

Zwischendurch besuchte er natürlich seine Karin und freute sich jedes Mal über ihre Fortschritte, das alltägliche Leben zu meistern. Gemeinsam begannen sie nun, ihre Pläne für die Zukunft zu konkretisieren. Für Uwe begann eine harte Zeit, denn die Renovierung, die Besuche in der Klinik und natürlich seine Arbeit bedeuteten eine immense Belastung. Überglücklich fand er einen Freund, der die Fliesenarbeiten zu einem sehr günstigen Preis durchführte, aber ein großer Teil blieb doch noch für ihn übrig. Trotzdem war fast alles in relativ kurzer Zeit erledigt. Uwe lieh sich einen Lkw, lud ein paar Arbeitskollegen ein und fuhr sie zur alten Wohnung. Die wenigen Möbel und der bescheidene Haushalt waren schnell verladen und in die neue Wohnung gebracht. Als Dank lud er seine Helfer zu einem Essen und reichlich Getränken ein.

Am darauffolgenden Tag fuhr Uwe in die Klinik und berichtete seiner Frau von der Aktion. Sie war begeistert, dass alles so gut geklappt hatte, und beide berieten, was noch alles angeschafft werden musste. Karin benötigte zum Beispiel ein Doppelbett mit elektrisch verstellbaren Lattenrosten. Sie musste doch aus ihrer Sitzposition die Betten beziehen, so wie sie es von Schwester Gabi gelernt hatte. Vom Rolli aus kam Karin nicht an die oberen Schränke in ihrer alten Wohnung. Deshalb entschlossen sie sich, neue Möbel anzuschaffen, in denen sie die wichtigsten Gebrauchsgegenstände und das ganze Geschirr unterbringen konnten. In der Küche sollten nur noch die dort unbedingt nötigen Gerätschaften vorhanden sein. Anbauschränke waren nicht mehr so modern, aber Karin musste vor allen Dingen an die Alltagstauglichkeit denken. So gingen die beiden Stück für Stück alle erdenklichen Situationen durch. Mit großer Mühe hatte Uwe schließlich alles besorgt und aufgestellt. Was jetzt noch fehlte, war ein wenig Zeit zur Erholung. Die bekam er jedoch nicht.

Eines Vormittags, Karin war nun schon über sechs Monate in der Reha-Klinik, sollte sie sich im Konferenzraum einfinden. Nach und nach trafen auch der Chefarzt, der Stationsarzt, die

Oberschwester Gabi und der Sportarzt ein. Karin wurde ganz anders zumute, aber sie hatte doch schon einen großen Teil ihres alten Selbstvertrauens zurückgewonnen. Ganz entspannt fing der Chefarzt ein Gespräch mit Karin an. Er wollte von ihr wissen, wie sie mit dem Rollstuhl zurechtkam, und wie sie die Alltagsprobleme meistern könnte. Hier hakte Schwester Gabi ein und berichtete, dass Johann mit ihr fleißig geübt hatte, und dass Karin und der Rollstuhl schon fast eine Einheit bildeten. Karin beklagte sich nur über den Katheter, der ihr doch zu schaffen machte. Es gab eine Möglichkeit auf ihn zu verzichten, so der Chefarzt, doch dazu war noch eine Operation notwendig, die man im Moment der Patientin nicht zumuten wollte. Sie sollte nach vorgegebenen Zeitabständen in die Klinik zur Nachuntersuchung kommen, dann wollte man weitersehen. Es dauerte eine geraume Zeit, bis alle Details besprochen waren, doch dann stand Karins Entlassung nichts mehr im Wege.

Uwe fuhr mit gemischten Gefühlen zur Klinik. Natürlich freute er sich, dass seine Frau wieder zu ihm nach Hause kam, aber würde alles gut gehen? Sie waren jetzt über neun Monate getrennt. Drei davon in der Klinik und sechs Monate Reha. Nun mussten sie wieder zueinander finden. War die neue Wohnung so weit hergerichtet, dass sich Karin mit dem Rollstuhl überall gut bewegen konnte? Sah die Haushaltsführung wirklich so aus, wie sie sich das vorgestellt hatten? Waren sie den großen Belastungen gewachsen? Fragen über Fragen quälten Uwe. Er suchte erst einmal den nächsten Parkplatz auf und rauchte eine Zigarette, dann noch eine. Schließlich verdrängte er alle Bedenken, stieg wieder ins Auto, denn es zog ihn zu seiner großen Liebe hin. Als er die Klinik erreichte, hatte er großes Glück und fand ganz in der Nähe des Einganges einen Parkplatz.

Als Uwe das Haus betrat, stutzte er. In der großen Eingangshalle stand eine Gruppe weiß gekleideter Personen, die sich recht angeregt unterhielten. In der Mitte dieser Gruppe entdeckte er seine Karin. Langsam begriff er, was das bedeutete. Das Klinikpersonal, das gerade abkömmlich war, hatte sich versammelt, um die lieb gewonnene Patientin zu verabschieden. Selbst manch ein Pfleger, der Karin kurz umarmte und ihr viel Glück wünschte, zerdrückte ganz verschämt und klammheimlich eine kleine Träne. Ganz unerwartet kam der Chefarzt vorbei, drückte Karin zum Abschied die Hand und klopfte anschließend Uwe auf die Schulter. „Lasst ja nicht den Kopf hängen, ihr beide schafft das schon." Er lächelte den Eheleuten noch zu und eilte davon.

Karin rollte die Rampe zum Parkplatz hinunter und ließ Uwe mit den beiden Reisetaschen keuchend hinter sich. Schließlich trafen sie sich am Auto. Immer noch nach Luft schnappend fragte er: „Warum rennst du eigentlich so, mein Schatz?"

„Weil meine Beine jetzt rund sind", gab Karin belustigt zurück.

Das kann ja heiter werden, dachte er bei sich und verstaute die beiden Taschen im Kofferraum. Inzwischen hatte sie sich schon auf den Beifahrersitz geschwungen, wie es Johann ihr gezeigt hatte. Uwe war erstaunt, wie schnell das ging, denn Karin war bereits dabei, den Rolli für den Transport zu zerlegen. Der wurde auch noch in den Kofferraum gepackt.

Schwester Gabi kam noch einmal zum Auto gerannt. „Macht es gut, ihr beiden, und lasst mal von euch hören. Aber wir sehen uns ja sowieso bald wieder zur Nachuntersuchung." Sie beugte sich zu Karin ins Auto, gab ihr einen Kuss auf die Wange und sagte zum Abschluss: „Lass dich nicht unterkriegen, Mädel, du packst das schon und trainiere fleißig weiter, denn aus dir wird noch was."

„Danke für alles", gab Karin zurück, „ich verspreche, ich gebe nicht auf." Schwester Gabi drückte Uwe die Hand und bemerkte so ganz nebenbei: „Passen Sie ja gut auf sie auf, sie hat es verdient."

„Das mach ich, sie ist schließlich meine liebe Frau", antwortete er, stieg ins Auto und startete den Motor.

Unterwegs hing jeder für kurze Zeit seinen Gedanken nach. Karin versuchte, sich den Tagesablauf in der neuen Wohnung vorzustellen. Wie konnte sie sich wohl in der Küche bewegen und die Mahlzeiten zubereiten? In der Klinik war das einfach, das Essen wurde vom Personal angerichtet, und was sie benötigte, war alles in erreichbarer Höhe angeordnet. Betten machen, staubsaugen, Wäsche waschen usw., das hatte nicht nur Katja ihr erklärt und gezeigt. Das würde schon irgendwie gehen. Wo sollte sie aber mit dem Bogenschießen weiter trainieren? Die ersten Pfeile gingen ja zu Anfang voll daneben, aber mit der Zeit hatte sie die Kraft den Bogen ruhig zu halten. Ihre Körperhaltung und Zielsicherheit verbesserten sich, wobei sich auch die erreichte Punktzahl erhöhte. Jürgen war erstaunt wie schnell sie mit Pfeil und Bogen umgehen konnte, denn die meisten Patienten taten sich recht schwer damit und gaben auf. Sie aber war hochmotiviert. Konnte sie im Garten eine Schießbahn einrichten?

Uwe war zwar kein ausgesprochener Pessimist, aber die vielen Fragen von vorhin auf der Fahrt zur Klinik erdrückten ihn fast wieder.

Karin riss ihn aus seinen Gedanken: „Ich bin auf unsere Wohnung gespannt, ich kann es kaum erwarten, endlich zu Hause zu sein.“

„Ich habe ja alles so weit fertigbekommen, wie wir es uns gedacht hatten. Falls noch etwas fehlt, wird es noch gemacht. Renn aber nicht gleich wie eine Wilde durch die Räume. Lass dir Zeit dabei.“

„Du hast gut reden, mein Tag wird wohl voll ausgebucht sein“, gab sie zu bedenken, und dann unterhielten sie sich über den zukünftigen gemeinsamen Tagesablauf.

„Das ist ja viel hübscher, als ich es mir vorgestellt habe“, rief Karin überrascht aus, als sie von der Straße abbogen und das Auto vor der Garage stoppten. Uwe packte den Rolli aus und schob seine Frau durch den Garten in die Wohnung. Begeistert sah sie sich um. Als Zwischenlösung war die Haushälfte ideal, trotzdem wollten sie sich später um ein eigenes neues Haus bemühen, aber das in aller Ruhe. Karin störte sich daran, dass im Bad und in der Küche keine Fenster vorhanden waren. Dafür hatte aber der Architekt die Beleuchtung so gestaltet, dass dieses Manko gar nicht so schwerwiegend war. Karin rollte ins Wohnzimmer und blieb eine Weile stillsitzen. Uwe holte die Taschen herein, inzwischen gluckerte die Kaffeemaschine. Aus der hintersten Ecke der Garage brachte er einen riesigen Blumenstrauß hervor und stellte ihn auf den Wohnzimmertisch. „Herzlich willkommen im neuen Heim, mein Schatz, lass uns gemeinsam das Beste daraus machen.“

Sie besah sich diesen herrlichen Strauß, ein Gemisch aus den verschiedensten Sommerblumen und dazwischen rote Rosen. Sie ergriff seine Hand und zog ihn zu sich herunter. Dann schlang sie ihre Arme um seinen Hals und küsste ihn leidenschaftlich. Zwischendurch flüsterte sie ihrem geliebten Mann ein „Danke schön" ins Ohr.

„Jetzt wollen wir aber erst mal Kaffee trinken", bemerkte Karin, löste sich aus der Umarmung und rollte in die Küche. An die Kaffeemaschine kam sie heran, auch an die Warmhaltekanne, aber den Kaffee umfüllen, das war schon erheblich schwieriger. Nur mit Mühe gelang ihr diese Prozedur, fast wäre alles auf der Erde gelandet. Ihr fielen wieder die Worte von Schwester Gabi ein. „Vieles wird zu Anfang auf den Boden fallen und zu Bruch gehen. Das ist ganz normal, aber das gibt sich mit der Zeit. Schafft euch deswegen kein teures Geschirr an, wenn ihr euch neu einrichten müsst."

Karin stellte die Warmhaltekanne auf dem Schoß und hielt sie mit einer Hand fest. Mit der anderen versuchte sie den Rollstuhl so zu bewegen, dass sie das Wohnzimmer erreichte. Dazu gehörte schon ein wenig Kraft und Geschick. Auf den letzten Metern wollte Uwe ihr helfen, aber sie stieß ihn sanft beiseite. „Das mach ich selbst, lass mich, ich schaffe das schon!"

„Ich wollte dir doch nur helfen", antwortete er etwas irritiert.

„Du kannst mir gerne helfen, aber nur, wenn ich dich ausdrücklich darum bitte, sonst versuche ich es allein", sagte sie mit Bestimmtheit.

„Na gut, mach das, wie du willst", murmelte Uwe vor sich hin. Auf die für ihn neue Situation musste er sich erst einstellen. Inzwischen hatte er den Tisch gedeckt und ließ sich von seiner Frau den Kaffee einschenken. Sie schwatzten eine ganze Weile, bis Karin sich auf den Weg ins Badezimmer machte. Seit ihr der Katheter eingesetzt wurde fürchtete sie, das der Beutel einmal überlaufen könnte. Die Aufregung des ganzen Tages zeigte ihre Wirkung, der Beutel war fast voll.

Uwe fuhr noch einmal mit dem Auto weg und holte von einem griechischen Restaurant Gyros mit Pommes und Beilagen. So brauchten sie nicht zu kochen und hatten doch ein richtiges

Abendessen. In der niedrigen Anrichte im Wohnzimmer befand sich das Geschirr. Karin konnte problemlos den Tisch decken. Uwe musste sich allerdings noch sehr daran gewöhnen, dass sie für ihre Aktivitäten reichlich Platz benötigte, und er dazwischen nichts zu suchen hatte, sonst würde sie ihn einfach umfahren. Nach dem Essen inspizierte sie das Schlafzimmer genauer. Die große Frage war, wie konnte sie in dem alten Bett schlafen? Es hatte zwar einen Lattenrost und eine gute Matratze, aber die Höhe ließ sich nicht verstellen. Der neue elektrisch verstellbare Lattenrost war zwar bestellt, aber leider gab es Lieferschwierigkeiten. Wider Erwarten schlief sie doch ganz gut, nachdem sie und Uwe noch lange im Wohnzimmer gesessen und den Abend genossen hatten.

Am nächsten Tag, es war ein Freitag, hatte Uwe frei. Er musste seine Überstunden „abbummeln." Der erste gemeinsame Morgen im neuen Heim begann mit Musik aus dem Radiowecker. Uwe kuschelte noch ein wenig mit seiner Frau, stand dann auf und verschwand im Badezimmer. Es dauerte nicht lange und Karin hörte aus der Küche Geschirr klappern. Jetzt wurde es auch für sie Zeit. Der Rollstuhl stand noch vom Vorabend neben ihrem Bett, so konnte sie gleich übersetzen. Irgendwie war der Beutel sehr hinderlich, aber sie musste ihn wohl noch eine ganze Zeit benutzen. Gott sei Dank hatte sich der Katheter nicht entzündet, das konnte sie nun wirklich nicht gebrauchen. Mit dem Rolli fuhr sie bis zur Dusche und setzte auf den Hocker über. Die Hähne und der Brausekopf waren gut erreichbar, so ging die Morgentoilette in der für Karin zur Gewohnheit gewordenen Weise vonstatten. Nur brauchte alles seine Zeit. Erfrischt und gut gelaunt rollte sie ins Wohnzimmer und zog vor dem Esstisch die Bremsen an. Uwe hatte inzwischen ein köstliches Frühstück angerichtet. Es gab frische Brötchen, gekochte Eier, Wurst, Käse und Marmelade. Auch die Sonne schien seitlich ins Wohnzimmer, und so konnten die Eheleute den Tag recht zuversichtlich beginnen.

Nach dem Frühstück schickte Karin ihren Mann raus, denn er hatte sich schon Arbeitssachen angezogen und wollte noch die restlichen Regale im Abstellraum montieren. Sie fuhr indes häufig zwischen Wohnzimmer und Küche hin und her, denn sie konnte ja immer nur kleine Mengen vom Geschirr auf ihrem Schoß transportieren. Schließlich hatte sie alles in die Küche geschafft und räumte es nun weg. Der Kühlschrank war ohne Schwierigkeiten zu befüllen, genau wie die Geschirrspülmaschine. Dann schrieb sie einen Einkaufszettel, denn es fehlten noch einige Kleinigkeiten. Anschließend fuhr sie ins Schlafzimmer und nahm sich den Wäschekorb vor. Hier hatte sich schon einiges angesammelt. Es war sehr hilfreich, dass in der ganzen Wohnung kein Teppichboden verlegt war, so konnte sie den Korb mit dem Rollstuhl vor sich herschieben. Im Vorratsraum werkelte Uwe noch fleißig, machte bereitwillig Platz, damit Karin die Waschmaschine bedienen konnte. Mit dem Trockner ging es anschließend auch ganz gut. Die Warmluft wurde durch einen Luftschacht über das Dach abgeleitet, darum machte es nichts aus, dass in diesem Raum kein Fenster vorhanden war.

Karin beschäftigte sich in der Küche, denn es ging so langsam auf die Mittagszeit zu. Sie nahm eine Dose Gemüseeintopf aus dem Schrank. Uwe hatte, als sie noch in der Klinik gewesen war, nach und nach etliche Fertiggerichte besorgt, denn für ihn gab es nur die schnelle Mahlzeit. Karin verfeinerte die Suppe noch etwas und rief schließlich ihren Mann zu Tisch. Er schlug noch die letzten Nägel in das große Regal ein und betrachtete sein Werk. Nun war der Raum so eingerichtet, dass für Karin alles problemlos erreichbar war.

„Wir müssen unbedingt einkaufen fahren, ich habe schon einen großen Zettel geschrieben“, sagte Karin, als Uwe Platz genommen hatte und seine Suppe löffelte.

„Kein Problem, ich habe die Regale fertig, sieh sie dir an. Du kommst überall dran.“

„Das ist gut, dann können wir dort noch die restlichen Sachen unterbringen“, antwortete sie und war in Gedanken schon beim Einräumen.

Sie ließ es sich nicht nehmen, das Geschirr in die Küche zu bringen und im Wohnzimmer Ordnung zu schaffen. Uwe hatte sich in der Zwischenzeit schon umgezogen und das Auto aus der Garage gefahren. Mit Schwung sprang Karin fast über die kleine Stufe zur Terrasse, sodass Uwe befürchtete, die Reifen vom Rolli würden platzen.

„Keine Bange, die halten so etwas aus“, bemerkte Karin, als sie Uwes skeptischen Blick sah. „Das sagte man mir jedenfalls in der Klinik.“

„Ich baue dir aber trotzdem eine kleine Rampe, dann brauchst du keinen Weitsprung mehr zu machen“, gab er zurück. Behände setzte sie auf den Beifahrersitz über, Uwe verstaute den Rolli und einige Taschen und ab ging's. Sie brauchten gar nicht weit zu fahren. Schnell erreichten sie den großen Parkplatz am Einkaufscenter, das erst vor kurzer Zeit eröffnet worden war. Karin war angenehm überrascht und wollte sich in aller Ruhe umsehen. Deswegen trennten sich beide für eine gewisse Zeit, denn er konnte ja schon einen Großteil besorgen und ins Auto bringen. Für sie war das hier fast wie ein Schlaraffenland. Der ganze Einkaufsbereich war für die Kundschaft zu ebener Erde und alles ohne Stufen. Im mittleren Teil waren eine große Lebensmittelabteilung und ein Bekleidungscenter. Außen herum gab es kleinere Läden und Boutiquen, aber auch Fachgeschäfte, sodass die ganze Palette des täglichen Bedarfs auf einem Gelände angesiedelt war.

Karin kleidete sich gerne sportlich, also lag es nahe, dass sie sich zuerst in der Sportabteilung umsah. Als Rollstuhlfahrerin kam sie sich reichlich verloren vor, denn sie konnte ja nicht über die Kleiderständer hinwegsehen. Das bedeutete für sie, dass sie sich erst einen groben Überblick verschaffen und alles gut einprägen musste. Oftmals hatte sie auch Schwierigkeiten, zwischen den suchenden Kunden an die Kleidungsstücke heranzukommen. Meistens wurde sie erst übersehen, aber dann machten die Kunden doch höflich Platz und ließen sie vor. Überhaupt fand sie jetzt außerhalb der Klinik, dass die meisten Menschen ihr gegenüber rücksichtsvoll waren. Man hielt ihr die Tür auf, fragte nach ihren Wünschen und zeigte ihr den Weg. Auf der Kundentoilette machte sie allerdings eine schlechte Erfahrung. Hier gab es kein WC für Behinderte. Also versuchte sie, in der engen Kabine zurechtzukommen. Das war fast unmöglich, denn wohin mit dem Rolli, und die Tür ging auch nicht zu. Manche Damen schauten etwas pikiert, aber Karin störte sich nicht daran. Sie konnte es doch nicht ändern. Und dann noch dieser verflixte Beutel!

„Ich habe auch gleich fürs Wochenende eingekauft, mein Schatz", sprach Uwe seine Frau von hinten an, als sie wieder in der Sportabteilung war. Er ahnte schon, wo er sie finden konnte. „Es hatten sich einige vom THW und vom Fußballverein angemeldet, die uns besuchen wollten."

„Wie viele denn, haben wir so viel Platz?", wollte Karin wissen und sah ihren Mann etwas skeptisch an.

„Na klar, unsere Wohnung ist zwar nicht riesig, aber das passt schon. Außerdem haben wir auch noch den Garten."

Nachdem sich Karin eine ganze Weile in dem Einkaufcenter umgesehen hatte, rollte sie noch außen an den kleinen Läden vorbei und war immer wieder von dem Warenangebot begeistert. Schließlich kehrten die Eheleute in einem kleinen Restaurant ein und tranken Kaffee, Uwe natürlich mit einem großen Stück Kuchen. Danach machten sie sich auf den Heimweg.

Unterwegs verkündete Karin ihrem Mann, dass sie wieder arbeiten gehen wollte. Das hieß, es musste ein zweites Auto angeschafft werden. Uwe hatte nichts dagegen, denn wenn seine Frau den ganzen Tag zu Hause sein würde, dann wäre das sicherlich nicht gut für sie. Karin stellte sich einen Kombi vor, natürlich umgebaut auf Handsteuerung. Immerhin hätte sie Platz genug für alle möglichen Dinge und könnte auch besser vom Rolli an den Kofferraum kommen.

„Na ja, wir wollen mal sehen, was wir finden können", sagte Uwe schließlich, „wir können ja in den nächsten Tagen mal zum Händler fahren." Er fuhr etwas schneller, denn Karin musste wieder dringend zur Toilette.

Uwe packte in der Zwischenzeit die Einkäufe aus und stapelte alles in die neuen Regale. Karin ordnete dies und das nachträglich, war aber sehr zufrieden. Dann machten sie es sich beide im Wohnzimmer gemütlich und überlegten, wie wohl ihr zukünftiges Haus aussehen sollte. Immer wieder änderten sie ihre Planung, denn wenn die Aufteilung des Hauses optimal erschien, war der Garten zu klein, oder wenn der Garten groß genug war, mussten beim Haus Abstriche gemacht werden. Außerdem wollte Karin auf jeden Fall eine Schießbahn für ihr Training haben, denn das Bogenschießen fehlte ihr schon jetzt. Bei den letzten Übungen in der Reha trat sie gegen Jürgen an und erreichte glatt 10 Punkte mehr als er. Einen Pokal gab es nicht aber dafür einen Kuss auf die Wange und den guten Rat, unbedingt weitermachen! Das hatte sie ihm auch versprochen und bekam bei dem Gedanken an den Sieg feuchte Augen. Ein ausreichend großer Swimmingpool sollte auch vorhanden sein. Einen Fitnessraum benötigte sie ebenfalls. Endlich, nach vielen Entwürfen fanden sie einen gelungenen Kompromiss und die fertige Skizze lag vor ihnen. Jetzt musste nur noch ein Architekt gefunden werden, der dieses Haus auch bauen konnte. Plötzlich klingelte es an der Haustür.

„Ich mach schon auf“, rief Karin aus der Küche, wo sie sich etwas zu trinken holen wollte, fuhr zur Wohnungstür, öffnete und war überrascht. Mit einem großen Blumenstrauß in der Hand stand ihre Mutter vor der Tür.

„Ich wollte nur mal sehen, ob ihr euch schon eingerichtet habt, und ob ich euch noch etwas helfen kann.“ Sie nahm Karin nur flüchtig in den Arm. Noch immer konnte sie sich nicht so richtig daran gewöhnen, dass ihre Tochter nun im Rollstuhl saß. Karin nahm ihr die Blumen ab, legte sie auf ihren Schoß, rollte ein wenig zurück und sagte, indem sie auf das Wohnzimmer zu zeigte: „Komm rein, wir bauen gerade unser neues Haus.“

„Was wollt ihr denn für ein Haus bauen? Ihr habt doch hier eine schöne Wohnung!“, bemerkte die Mutter mit einem leichten Vorwurf.

„Wir brauchen Platz“, entgegnete Uwe. „Karin muss trainieren, damit sie den verbleibenden Rest ihres Körpers fit hält. Sie will wieder Bogenschießen trainieren, und das geht hier nicht, weil wir nichts absperren können. Außerdem will sie auch wieder arbeiten gehen.“

Das war zu viel für seine Schwiegermutter, denn entrüstet wandte sie sich an ihre Tochter, die mit einer Vase voller Blumen ins Wohnzimmer kam. „Du willst wieder arbeiten gehen? Wie willst du das denn schaffen mit dem Rollstuhl? Und wer nimmt dich denn? Die wollen doch alle nur gesunde Menschen!"

„Mutter, ich habe dir schon mal gesagt, ich bin nicht krank, ich kann nur nicht laufen. Aber ich sehe da kein Problem, denn mein Chef hat mir schon eine Stelle angeboten, bei der ich mit dem Rolli zurechtkomme und sogar noch mehr verdienen kann." Karin versuchte, ihre Mutter zu überzeugen, dass es eigentlich egal sei, ob mit oder ohne Behinderung, wenn man für den Job geeignet sei.

Uwe setzte noch einen drauf. „Vor allem brauchen wir auch noch ein Kinderzimmer!"

Nun verstand die Mutter gar nichts mehr, sondern empörte sich darüber, was ihrer Tochter alles zugemutet wurde.

„Du wirst schon sehen, wir werden das alles schaffen", sagte Karin voller Überzeugung. Die Unterhaltung ging noch mit allgemeinen Themen ein wenig weiter, endlich verabschiedete sich die Mutter wieder und Karin brachte sie zur Tür.

„Mein liebes Kind, ich hoffe, das geht alles gut. Und was machst du, wenn das Haus fertig ist, du ein Kind hast und er dich im Stich lässt?"

„Erst dann mach ich mir Sorgen, aber nicht vorher!" Karin verabschiedete ihre Mutter, die alles immer noch nicht fassen konnte.

Am nächsten Tag kam Uwe mit einem ganzen Arm voller Prospekte nach Hause.

„Hier kannst du dir ein Auto aussuchen, aber nicht so ein teures", scherzte er.

Sie blätterte die vielen bunten Seiten durch, aber irgendwann gab sie frustriert auf. „Die hier kosten doch alle einen Haufen Geld, was soll ich denn da aussuchen? Oh man."

„Doch nur erst mal die Marke, dann fahren wir zum Händler und sehen, was an gebrauchten Autos angeboten wird", erwiderte Uwe. So blätterten sie beide wieder in den Katalogen, bis Karin mit dem Finger auf einen Volvo zeigte.

„Ich glaube, der Händler hat sogar ein paar Gebrauchtwagen auf dem Hof stehen, lass uns doch mal hinfahren." Das brauchte Uwe seiner Frau nicht zweimal zu sagen. Noch ehe er sich versah, war sie schon fast im Auto. Tatsächlich wurden sie dann auch fündig, nur musste das Fahrzeug noch auf Handsteuerung umgebaut werden. In einer Woche könnten sie den Kombi aber abholen. Auf dem Weg nach Hause berieten sie die Sache noch einmal.

„Da gibt es gar nichts mehr zu sagen, der Wagen ist doch spitze. Zwei Jahre alt, 50.000 gelaufen, ohne große Extras, das war doch ein fairer Preis“, stellte Uwe fest.

„Na ja, der Umbau kostet aber auch noch einiges.“ Karin hatte einige Bedenken.

„Wenn unser Anwalt clever ist, dann bezahlt das Auto die Gemeinde. Schließlich war sie schuld, dass du den Unfall hattest.“ Das war eine klare Tatsache, die Uwe so gelassen aussprach.

Im Stillen freute sich Karin schon auf ihr eigenes Auto. Wie hatte sie doch schon danach gefiebert. Der ganze nötige Aufwand war nichts gegen die dadurch gewonnene Unabhängigkeit.

Uwe merkte die Unruhe seiner Frau. „Mein Schatz, was ist los, du bist so nervös.“

„Na ja, wenn ich ein eigenes Fahrzeug habe, dann kann ich wieder zur Arbeit, zum Einkaufsbummel, meine Freundinnen besuchen und, und, und. Außerdem gewinne ich die Mobilität, die ich dringend brauche!“ Karin sah ihren Mann erwartungsvoll an. Er nickte nur zustimmend.

Am späten Nachmittag schallte Blasmusik aus dem Garten zum Haus hinüber. Erstaunt sah Karin ihren Mann an, doch der grinste nur bis über beide Ohren. Beide begaben sich auf die Terrasse, und sie traute ihren Augen nicht. Vom Fußballverein stand eine Abordnung neben der THW-Kapelle, die einen Willkommensgruß schmetterte. Die letzten Takte waren noch nicht ganz verklungen, da wurden Karin, mit den besten Wünschen für die Zukunft, Blumen überreicht. Jeder bückte sich zu ihr hinunter und drückte sie oder gab ihr einen herzlichen Kuss auf die Wange. Sie war so überwältigt, dass sie schnell eine kleine Träne wegwischen musste. „Ich danke euch allen, ihr habt mir einen tollen Empfang bereitet.“

„Das war doch selbstverständlich, du bist doch eine von uns“, kam es fast gleichzeitig aus aller Munde. Uwe brachte in der Zwischenzeit Gläser und Getränke zur wieder erschallenden Musik. So ging das bis in den späten Abend hinein. Feucht fröhlich verabschiedeten sich endlich auch die letzten Gäste. Reichlich müde und abgespannt, aber zufrieden fielen auch die beiden Gastgeber wenig später ins Bett.

In der darauffolgenden Woche hatte Uwe Tagesschicht. Karin war tagsüber auf sich allein gestellt. Sie stand mit ihrem Mann auf, machte Frühstück und gab ihm schließlich einen Abschiedskuss, das war ein guter Tagesbeginn. Danach rollte sie ins Bad, um sich herzurichten. Plötzlich rutschte ihr die Seife aus der Hand, glitt durch den ganzen Raum und landete in einer Ecke. So sehr sich Karin auch bemühte, sie kam nicht an die Seife heran. Also musste ein Besen her. *Der Tag fängt ja gut an*, dachte sie bei sich, immer noch nach dem verlorenen Stück angelnd. Jetzt noch bücken und dann, aber so einfach war das nicht. Unbewusst beugte sie sich zu weit nach vorn, verlor das Gleichgewicht. Nackt, wie sie war, fiel sie der Länge nach auf die kalten Fliesen. *Eine Fußbodenheizung wäre jetzt nicht schlecht*, war ihr erster Gedanke, aber dass der rechte Ellenbogen schmerzte, war jetzt viel schlimmer. Johann hatte ihr ja gezeigt, wie man in solch einer Situation wieder in den Rollstuhl kommt. In ihrem augenblicklichen Zustand gestaltete sich diese Aktion um einiges schwieriger, als gedacht, aber schließlich schaffte sie es doch. Ärgerlich warf sie die Seife ins Waschbecken.

Endlich hatte Karin die Morgentoilette beendet und ihren Arm mit einem Schmerzgel eingerieben. Nun war die Wohnung dran, das Frühstücksgeschirr musste weggeräumt werden. Mit einem Tablett aus der Küche fuhr sie ins Wohnzimmer und lud einige Teile darauf. Der Rahmen der Küchentür bremste jäh ihre Fahrt, das Tablett rutschte von ihren Knien und landete auf dem Boden. Uwes Lieblingsbecher segelte als letzter hinterher und zerbrach im Zeitlupentempo in viele kleine Teile.

„Auch das noch, heute ist wohl nicht mein Tag“, stöhnte Karin bei dem Gedanken, was sie noch alles vor sich hatte.

Es klingelte an der Haustür. Sie nahm den Hörer von der Wechselsprechanlage ab, gleichzeitig schaltete sich ein kleiner Monitor ein und zeigte ihre alte Freundin Anke.

„Hallo, meine Liebe, komm herein, wir haben viel zu erzählen", begrüßte Karin ihren Gast. Die beiden Frauen umarmten und drückten sich herzlich, dabei war es noch gar nicht so lange her, dass sie sich gesehen hatten. Anke war, mit ihrer Körpergröße von 170 cm und einem Gewicht von ca. 65 kg, eine schlanke Person. Sie hatte ihre langen blonden Haare zu einem Pferdeschwanz gebunden. Mit ihrem Mann und Kind lebte sie in der Stadt und arbeitete in ihrem Traumberuf als Drogistin in der Nähe ihrer Wohnung. An diesem Tage konnte sie einige Überstunden abbauen, denn sie musste wichtige Besorgungen erledigen. Voller Stolz zeigte Karin ihrer Freundin die Wohnung, den Garten und beendete den Rundgang in der Küche. Nun wurde erst einmal Kaffee gekocht. Dann erzählte Karin von ihrem Missgeschick beim Aufräumen.

„Ich nehme dich mit in die Stadt. Da ist doch dieses große Geschäft mit den Porzellanartikeln. Du wirst sicher etwas Passendes finden." Mit diesen Worten lud Anke ihre Freundin ein.

„Das wäre ja prima", antwortete Karin. „Ich will dir aber nicht zur Last fallen."

„Ach Quatsch, wozu hat man eine Freundin. Ich setze dich in der Fußgängerzone ab, erledige meine Sachen und treffe dich dann dort wieder."

Gesagt, getan. Karin erklärte Anke die Handhabung mit dem Rollstuhl, bevor die Fahrt losging. Die Fußgängerzone war nicht sehr lang, dafür aber sehr interessant. Leider waren vor den Hauseingängen und Geschäften meistens Stufen. Manche lagen so ungünstig, dass Karin sie nicht überwinden konnte. So auch vor dem Geschäft, das Anke ihr empfohlen hatte. Karin betrachtete eingehend die Auslagen in den Schaufenstern, fuhr dann direkt vor den Eingang und suchte den Blickkontakt mit einer Verkäuferin. Es kam auch eine junge Frau heraus und fragte nach ihren Wünschen. Diese konnte die Rollstuhlfahrerin aber nicht über die Stufe heben. Das bewerkstelligte hilfsbereit der Geschäftsführer persönlich und bediente auch gleich seine Kundin. Durch Zufall fand Karin die gleiche Tasse, die ihr am Morgen zerbrochen war. Sie ließ sich das kostbare Stück fest einwickeln und in den Rucksack packen, den sie stets am Rollstuhl mitführte.

„Na, hast du was gefunden?“ hörte Karin eine Stimme hinter sich. Es war eine zufriedene Anke, die alle wichtigen Angelegenheiten erledigt hatte.

„Ich habe bekommen, was ich wollte. Was hältst du davon, liebe Anke, wenn ich dich zum Mittagessen einlade?“

„Ich habe eigentlich keinen Hunger, aber eine Kleinigkeit wäre nicht schlecht. Wir können ja in die Cafeteria in dem Kaufhaus dort drüben gehen.“

„Das ist gut“, freute sich Karin, denn sie brauchte zudem wieder mal eine Toilette. Sie war froh, dass es dort ein WC für Behinderte gab. Im Stillen verwünschte sie den Beutel, denn nach wie vor wurde sie das Gefühl nicht los, immer nass zu sein und zu riechen. Wieder am Tisch, fragte sie ihre Freundin danach, doch die beruhigte Karin. „Das bildest du dir nur ein. Ich habe nichts gemerkt, obwohl meine Nase wirklich empfindlich ist.“

Sie bestellten sich Sandwichs mit einem großen Salat und schwatzten von alten Zeiten, aber auch von der Zukunft. Im Laufe des Nachmittags machten sie sich wieder auf den Weg. Anke brachte ihre Freundin nach Hause und verabschiedete sich bis zum nächsten Wiedersehen. Karin setzte sich in ihren Sessel, nahm die Fernsehzeitung, denn heute wollte sie kein Missgeschick mehr erleiden.

Beim Abendessen wunderte sich Uwe über seine Tasse.

„Ich habe ein neues Reinigungsmittel für den Geschirrspüler. Damit wird alles wieder so wie neu.“ Bei dieser Antwort auf Uwes fragenden Blick verzog Karin keine Mine. Innerlich musste sie über ihre kleine Schwindelei lächeln.

„Das ist ja komisch“, wunderte sich Uwe, „repariert die Maschine auch abgesprungene Ecken?“

Nun erzählte Karin von dem Tag, der nicht „ihrer“ war, aber durch Ankes Besuch doch ein wenig heller wurde.

„Mein Schatz, die Tasse hättest du nicht ersetzen müssen, etwas traurig bin ich schon, aber es war doch nur eine Tasse, aber die neue werde ich hüten wie meinen Augapfel.“ Uwe nahm seine Frau in die Arme und küsste ihr die Sorgenfalten aus dem Gesicht.

Einige Tage später meldete sich der Autohändler. Der Volvo für Karin war fertig und konnte abgeholt werden.

„Nichts wie hin", drängte Karin ihren Mann, „lass uns das Auto gleich abholen, dann kann ich morgen schon damit fahren und ihn ausprobieren."

Als sie beim Händler waren, wies er Karin in die Handhabung ein und riet ihr, einige Proberunden auf dem Gelände zu fahren. Karin setzte sich hinter das Lenkrad. Ein unbeschreibliches Hochgefühl breitete sich in ihr aus, wieder ein eigenes Auto zu haben. Nach einigen vorsichtigen Fahrübungen, Gas und Bremse per Hand zu steuern war sehr gewöhnungsbedürftig und sie machte so manchen „Nothalt." Nach einigen Runden beherrschte sie das Fahrzeug schon so gut, dass sie sich auf den Heimweg wagen konnte. Für das Fahren mit dem Pkw musste sie ab jetzt aber entsprechend viel Zeit einplanen, denn sie konnte ja nicht einfach einsteigen und losfahren, der Rollstuhl musste noch mit.

4. Kapitel

Mit der neu erlangten Mobilität konnte Karin nun versuchen, in ihren Beruf zurückzukehren. Was hatte ihr Chef einmal angedeutet? Sie könne jederzeit wieder im Supermarkt arbeiten, man würde für sie ein behindertengerechtes Umfeld schaffen. Das hörte sich gut an, aber wie sah die Wirklichkeit aus, wenn es ernst werden würde? Vorerst musste sie noch besser mit dem Auto klarkommen. Das hieß: sich hineinsetzen, fahren und mit der Handsteuerung sicher umgehen zu können.

Ab dieser Woche hatte Uwe wieder Frühschicht. Karin konnte in aller Ruhe frühstücken, den Haushalt in Ordnung bringen und hatte den ganzen Tag Zeit für sich. Mit Herzklopfen rollte sie nun in die Garage. Hier stand er, ihr eigener Volvo, es war kein Traum. Dieses Dunkelblau-Metallic gefiel ihr jetzt noch besser als beim ersten Anblick. Langsam fuhr sie um den Kombi herum, betrachtete das Fahrzeug eingehend, dabei ließ sie ihren Gedanken freien Lauf. Die Situation war so überwältigend, dass ihr die Tränen kamen.

„So, Karin, nun werde nicht sentimental“, sagte sie zu sich. „Das ist dein Auto, sieh zu, wie du damit sicher umzugehen lernst.“ Sie öffnete die Fahrertür, fuhr mit dem Rolli so weit wie möglich seitlich an den Einstieg und versuchte, sich auf den Fahrersitz umzusetzen. Das war schwieriger, als sie dachte, aber es gelang ihr, wenn auch mit Mühe. Beim Händler hatte Uwe den Rolli in den Kofferraum verstaut, hier musste sie ihn nun selbst bewältigen. Karin beugte sich weit hinaus, nahm die Trittplatte ab und legte sie vor den Beifahrersitz. Dieser musste allerdings ganz nach vorne geschoben sowie die Lehne nach vorne umgeklappt werden. Jetzt versuchte sie, den Rollstuhl zusammenzuklappen, auch das gelang ihr mit großem Kraftaufwand. Dann kam der schwerste Teil der ganzen Aktion. Sie drehte die Lehne des Fahrersitzes ganz hinunter, griff den Rolli, legte sich damit lang auf den Rücken, hob den fahrbaren Untersatz über ihren Körper und stellte ihn hinter den Beifahrersitz. Diese körperliche Anstrengung kostete sehr viel Kraft. Nicht umsonst sollte sie schon in der Klinik ihre Muskulatur aufbauen und stärken. Jetzt war sie froh, dass sie so fleißig mit den Hanteln trainiert hatte, sonst könnte sie den Rollstuhl nicht auf diese Art und Weise ins Auto bugsieren.

Nachdem Karin die Lehne des Fahrersitzes wieder in die richtige Position gebracht hatte, startete sie das Auto. Die ganze Prozedur dauerte gut und gerne über eine Viertelstunde. Leise summte der Motor im Standgas. Bevor sie losfuhr, sah sie sich noch einmal in aller Ruhe um. Die Getriebeautomatik war schon mal ein großer Vorteil. Dadurch hatte sie die Hände frei für Gas und Bremse. Auf dem Lenkrad war ein Drehgriff montiert, damit sie auch mit einer Hand das Auto lenken konnte. Die Sitze passten mit ihrer graublauen Farbe und dem dezenten Muster sehr gut zu der Metalliclackierung und waren sicherlich auch nicht so empfindlich gegen alle möglichen Verunreinigungen. Der gesamte Innenraum des Fahrzeugs war gepflegt und sauber. Den angenehmen Duft nach Frische registrierte Karin wieder mit Genugtuung.

Langsam ließ sie den Volvo aus der Garage rollen und schloss mit der Fernbedienung das große Tor. Mit der rechten Hand betätigte sie den Gashebel ganz vorsichtig. Sie wollte die Bocksprünge vom Vortage nicht noch einmal erleben. Nach der Grundstücksausfahrt hielt sie sich in Richtung Ortsausgang. Um diese Zeit war auf den Landstraßen so gut wie kein Verkehr, sie konnte ohne Stress fahren. Immer wieder bremste sie das Fahrzeug ab und beschleunigte wieder, um das richtige Gefühl für die Handhebel zu entwickeln. So langsam bekam sie mehr Sicherheit, sie konnte sich in die nahe gelegene Stadt wagen. Hier musste sie aber wesentlich schneller reagieren, die ersten Schweißtropfen standen bereits auf ihrer Stirn. In der Nähe des Zentrums fand sie einen Parkplatz für Behinderte.

Nun verlief die Prozedur mit dem Rollstuhl in umgekehrter Reihenfolge. Fahrertür weit auf, Sitzlehne hinunterdrehen,

Rollstuhl über den Körper hinausheben, Trittplatte montieren, auf den Rolli übersetzen und schließlich das Auto abschließen. Geschafft! Doch eine Viertelstunde dauerte es wieder. Unter dem Sitz des Rollstuhls gab es in der Mitte eine kleine Tasche mit Klettverschluss. Hier verstaute Karin das Portemonnaie mit den Papieren. Ihre Handtasche packte sie in den Rucksack, der über den beiden Griffen hing. Nun war die Fußgängerzone ihr nächstes Ziel. Vor dem großen Café am Markt hielt sie an. Hier gab es keine Stufe zur Straße und sogar eine Behindertentoilette. Ihren Beutel hatte sie zwar noch zu Hause entleert, aber sie wollte sicher sein. Karin mischte sich unter die Gäste, die vor dem Café an kleinen Tischen saßen, und bestellte einen Cappuccino. Trotz der Mittagszeit verspürte sie keinen Hunger, denn sie war viel zu aufgeregt. Mit dem Volvo zu fahren, traute sie sich nun zu, aber Ein- und Aussteigen waren doch sehr umständliche und kräftezehrende Tätigkeiten. Das war nun mal nicht zu ändern, sie musste sich damit abfinden, je eher desto besser.

„Hei Karin, wie kommst du denn hierher?"

Fast ein wenig erschreckt drehte sie sich um und blickte direkt in Ankes strahlendes Gesicht. „Da staunst du was", antwortete sie. „Ich mache eine kleine Rundfahrt mit meinem neuen Auto. Nun sitze ich hier und muss mich ein wenig erholen."

„Nein, du hast ein Auto, das ist ja toll! Erzähl doch mal, ich habe ein wenig Zeit. Wir wechseln uns in der Drogerie mit der Mittagspause ab." Anke wollte vor Neugier fast platzen, setzte sich ihrer Freundin gegenüber auf den freien Stuhl und bestellte einen Kaffee mit einem kleinen Snack. Nun erzählte Karin von ihrem Volvo, dabei wurde Anke immer aufgeregter. Sie konnte es kaum erwarten, das Auto zu sehen. Nach einer ganzen Weile zahlten die beiden Frauen und begaben sich zum Parkplatz.

„So was aber auch", rief Anke, „das erste Mal mit dem Auto unterwegs, und schon hast du einen Strafzettel."

„Das kann nicht sein, ich habe doch den Ausweis auf das Armaturenbrett gelegt", wunderte sich Karin und nahm den Zettel, den ihr ihre Freundin reichte. Es war kein Strafzettel, aber die Aufforderung, einen Parkausweis sichtbar auszulegen.

„Das habe ich in der Aufregung ja ganz vergessen. Ich muss mir einen Parkausweis vom Stadtbüro besorgen, das könnte ich eigentlich auch gleich mit erledigen", sagte Karin erleichtert, denn sie brauchte ja dieses Mal noch kein Bußgeld zu bezahlen. Endlich kam sie dazu, ihrer Freundin das Fahrzeug zu zeigen. Anke setzte sich hinter das Lenkrad, dabei wollte sie ganz genau wissen, wie die Handsteuerung funktionierte, wie man überhaupt damit fahren konnte. Bereitwillig wurde ihr alles genau erklärt. Schließlich verabschiedeten sich die beiden Freundinnen, denn Anke musste zur Drogerie zurück.

Vielleicht hat das Stadtbüro ja noch auf?, dachte Karin und hatte großes Glück. Es war kaum zu fassen, dass ein Amt über die Mittagszeit nicht geschlossen war. Sie steckte den neu ausgestellten Parkausweis zu den anderen Papieren und bummelte noch ein wenig durch die Fußgängerzone. In einer Seitenstraße entdeckte sie ein Fitnessstudio. Genau das hatte ihr gefehlt! Sie sprach mit der Inhaberin und meldete sich auch gleich an. Durch ihre Mobilität war für sie das Training jetzt möglich, sie war unabhängig von Zeit und Ort. Vom Bäcker holte sie sich ein paar belegte Brötchen und machte sich wieder auf den Heimweg. Dabei genoss sie die Autofahrt in vollen Zügen.

Karin fuhr das Auto in die Garage, heute brauchte sie es nicht mehr. Wenn Uwe nach Hause kam, hatte er genügend Platz. Unerwartet kam der Vermieter um die Ecke und fragte Karin erstaunt: „Sie fahren ein Auto? Ich sah Sie gerade nach Hause kommen. Wie geht denn das, mit Ihrer Behinderung?"

Nun musste Karin ihm ganz genau erklären, wie alles funktionierte. Vor lauter Bewunderung, wie sie ihren Alltag meisterte und auch noch mit einem Auto umging, bekam er kaum den Mund zu. Insgeheim war sie ein wenig stolz auf sich. Während der Unterhaltung kam Uwe auf das Grundstück gefahren und begrüßte die beiden.

„Sie haben sich wohl schon richtig eingelebt?", wandte sich der Vermieter an ihn.

„Ja, ja, das ging besser, als wir dachten. Nun ist ja auch die Wohnung in Ordnung, das Umfeld stimmt, wir können ganz zufrieden sein."

Eine ganze Weile unterhielten sie sich noch, dann wiederholte der Vermieter beim Abschied sein Angebot: „Ich sagte Ihnen ja bereits, wenn Sie irgendwie Hilfe brauchen, lassen Sie es uns wissen, wir möchten Ihnen das Leben hier unter unserem Dach so angenehm wie möglich machen."

„Wir nehmen Sie beim Wort, wenn es so weit sein sollte", entgegnete Uwe. Der Vermieter wünschte noch einen schönen Abend und ging wieder nach oben.

„Na, mein Schatz, wie war denn dein Tag heute", wandte sich Uwe an seine Frau und gab ihr nachträglich einen dicken Begrüßungskuss. Sie begaben sich beide in die Küche, und während Karin das Abendessen herrichtete, erzählte sie ihm von dem ereignisreichen Tag. Liebevoll nahm er sie in den Arm und freute sich mit ihr, wie sie alles gemeistert hatte.

„Wenn das so weitergeht, dann rufe ich bald meinen Chef an, damit er sein Versprechen einlösen kann", sagte Karin voller Zuversicht. „Im Haushalt geht es ganz gut, mit dem Auto hatte ich heute auch keine Probleme, also könnte ich wieder arbeiten gehen."

„Das musst du für dich ganz alleine entscheiden, ich hätte nichts dagegen. Und wenn du wieder arbeitest, werden wir uns auch darauf einstellen", entgegnete Uwe, nicht ohne Stolz auf seine Frau.

Der Alltag wurde zur Routine. Uwe konzentrierte sich voll auf seine Arbeit, Karin besorgte den Haushalt, wobei sie jede Gelegenheit nutzte, um mit dem Auto zu fahren. Im Supermarkt wurde sie schon freudig begrüßt, es war auch immer jemand bereit, ihre Einkäufe zum Auto zu tragen. Sie hatte aber auch stets ein kleines Trinkgeld parat. Am liebsten bummelte sie allerdings in der Fußgängerzone der Großstadt. Ab und zu besuchte sie Anke in der Drogerie und beklagte sich bei dem einen oder anderen Ladenbesitzer über die hohe Stufe am Eingang. Bei einem dieser Ausflüge nahm sie Kontakt zu einer Behindertengruppe auf. Der Gruppensprecher war froh, dass er mit Karin eine Person kennenlernte, die vor Selbstvertrauen strotzte. Sie unterhielten sich über die Probleme, die gerade Rollstuhlfahrern das Leben in der Stadt schwer machten. Karin hörte sich alles an und dachte an ein eventuelles Engagement in dieser Gruppe.

„Ich melde mich wieder bei Ihnen. Dann können wir noch alles besprechen, heute habe ich noch etliches zu erledigen." Mit diesen Worten verabschiedete sich Karin und machte sich auf den Heimweg. Unterwegs ärgerte sie sich immer noch über die Gleichgültigkeit der Stadtverwaltung, denn keine der Eingaben von der Behindertengruppe wurde akzeptiert und umgesetzt. Damit waren die Rollifahrer mancherorts regelrecht ausgegrenzt.

„Das darf doch wohl nicht wahr sein", schimpfte sie noch voller Frust laut gegen die Innenseite der Windschutzscheibe, als ihr verschiedene Situationen in den Sinn kamen. Schnell hatte sie sich aber wieder gefangen, denn sie musste sich auf den Straßenverkehr konzentrieren. Am Abend sprach sie mit Uwe über sich und ihre Situation.

Beim THW konnte sie nur noch Kassenwart oder Schriftführerin sein. Auf keinen Fall wollte sie aber ihre Mitgliedschaft kündigen. In der Behindertengruppe würde sie hauptsächlich organisatorische Dinge bearbeiten können. Das wäre machbar, wenn sie nur halbe Tage zu arbeiten brauchte. Doch der Beruf hatte Vorrang. Uwe war mit allem einverstanden, machte aber seine Frau darauf aufmerksam, sich nicht zu verzetteln. Am nächsten Tag, es war Mitte November, rief Karin ihren früheren Chef an.

„Frau Wagner, dass ich von Ihnen höre, freut mich ungemein. Wie geht es Ihnen? Wie kommen Sie zurecht? Was können wir für Sie tun?" Mit vielen Fragen begrüßte er seine ehemalige Mitarbeiterin überschwänglich. Das hatte Karin nicht erwartet, freute sich aber über diese herzliche Art.

„Ich möchte wieder in meinem Beruf arbeiten, können Sie mir etwas anbieten?" Bei dieser Frage bekam sie leichtes Herzklopfen.

„Am besten kommen Sie zu mir, und wir sprechen alles in Ruhe durch. Sie haben sicherlich von unseren Veränderungen in der Zeitung gelesen. Ich kann mir aber trotzdem gut vorstellen, dass wir etwas für Sie finden werden. Wie wäre es mit morgen, denn in der nächsten Woche bin ich unterwegs, und Sie möchten sicher keine Zeit verlieren."

„Ja, das geht, vielen Dank", antwortete Karin und verabschiedete sich.

„Das ging aber schnell mit dem Termin", sagte Uwe beim Abendessen. „Dann wünsche ich dir viel Glück, mein Schatz."

„Danke, danke, das kann ich gut gebrauchen", entgegnete sie in Gedanken schon bei dem Gespräch am nächsten Tag.

Karin parkte den Volvo an der Seitenwand des Supermarktes. In bekannter Manier lud sie den Rollstuhl aus und schloss das Auto ab. Gott sei Dank lag das Büro im Erdgeschoss. Sie fuhr auf die Eingangstür zu und hatte Glück, dass gerade jemand herauskam, so brauchte sie sich nicht mit der Tür abzumühen. Sie rollte den gefliesten Gang entlang bis vor das Büro des Chefs. Auf ihr Klopfen folgte ein „Herein" und sie wurde genauso herzlich begrüßt wie am Vortage.

Erst gab es einen Kaffee, dann folgten viele Fragen zu ihrer Person. Sie fühlte sich körperlich so weit hergestellt, dass sie ihre berufliche Tätigkeit wiederaufnehmen konnte. Die Klinik und vor allem die Berufsgenossenschaft hatten keine Einwände. Der Chef war angenehm überrascht über Karins gepflegtes Aussehen und was sie bisher geleistet hatte. Er berichtete nun seinerseits von den Veränderungen innerhalb der Marktkette. Ganz in der Nähe war vor einiger Zeit ein Hochregallager gebaut worden. Jetzt fehlten dringend noch ein paar weitere zuverlässige Mitarbeiter. Durch Umorganisationen konnten zwar einige Stellen besetzt werden, aber es gab leider in letzter Zeit einige Unregelmäßigkeiten in den Abrechnungen und Lagerbeständen. Außerdem wurden Waren nicht rechtzeitig geordert und an die Filialen ausgeliefert. Die Konkurrenz war da meistens schneller.

Das Lagerhaus mit sechs übereinanderliegenden Ebenen war nach den neusten Bestimmungen der Berufsgenossenschaft gebaut worden, sodass automatisch auch für Behinderte alles zur Verfügung stand, von den Raumgrößen, den stufenfreien Verkehrswegen im Arbeitsbereich bis zu speziellen Sanitäreinrichtungen.

„Wir suchen dringend noch eine Datentypistin. Bei dieser Menge von Daten ist eine verantwortungsvolle Fachkraft zwingend erforderlich, doch leider fand sich bisher keine geeignete Person. Ob das wohl etwas für Sie wäre?" Der Chef sah Karin erwartungsvoll an. *Das hört sich alles sehr gut an,* dachte sie, bat aber darum, sich den Bereich ansehen zu können und ihre Entscheidung nach der Bedenkzeit von ein paar Tagen mitzuteilen. Der Chef kündigte Karins Besuch im Lagerhaus an, dann setzten sie die zwanglose Unterhaltung fort. Nach einer Weile verabschiedete sie sich und fuhr zum Lagerhaus.

„Schade“, sagte Karin mit großem Bedauern laut vor sich hin und dachte, als sie in die Nähe des Lagers kam: *Hier stand früher die alte Maschinenfabrik, die über viele Generationen im Familienbesitz war. Aber so ist das nun mal, gehen die Aufträge zurück, müssen Leute entlassen werden, bis schließlich der Betrieb Konkurs anmelden muss. Das Grundstück wird dann zum Niedrigstpreis verschleudert, und wie der Phönix aus der Asche, entsteht, ehe man sich versieht, ein neuer Betrieb.* Sie hielt neben dem Eingang auf dem Behindertenparkplatz, stieg aus und schloss das Auto ab. Von außen war das Lagerhaus ein schmuckloser riesiger Kasten, der nicht so recht in die Landschaft passte. Die doppelte Eingangstür öffnete sich automatisch, Karin rollte in einen angenehm temperierten Eingangsbereich. Ein Mann mittleren Alters kam auf sie zu und stellte sich vor.

„Guten Tag, mein Name ist Neubauer, Sie sind sicher Frau Wagner?“

„Ja, hallo“, antwortete Karin, schaute, wie sie es mittlerweile gewohnt war, nach oben in sein Gesicht und gab ihm die Hand.

„Ja, dann kommen Sie herein in die gute Stube. Ich bin hier der Geschäftsführer und möchte Sie mit unseren Tätigkeiten vertraut machen. Ich werde Ihnen erst einmal alles zeigen. Wenn Sie etwas wissen möchten oder nicht verstanden haben, immer heraus mit der Sprache.“ Sie war von seiner lockeren Art sehr berührt. „Das werde ich tun. Jetzt suche ich aber erst einmal eine Toilette.“

„Ja, auf dieser Seite vom Gang haben wir die Sanitärbereiche und den Aufenthaltsraum. Gegenüber sind mehrere Büroräume. Sie finden mich dann im ersten Raum neben dem Eingang.“

Karin war positiv überrascht. Alles war modern und geschmackvoll hergerichtet, die Fliesen, die Sanitärobjekte, das ganze Zubehör. In dieser großen Toilette gab es alles, was nötig war. Wieder ärgerte sich Karin über den Beutel und hoffte, dass sie endlich einen OP-Termin bekam. Dabei würde ihr ein Sensor für die Blase eingesetzt werden und der Beutel würde dann endlich der Vergangenheit angehören.

Jetzt begab sich Karin in das angegebene Büro. Es war ein großzügiger, übersichtlicher Raum. Der positive Gesamteindruck wurde aber durch den Schreibtisch von Herrn Neubauer getrübt. Der gesamte Arbeitsplatz war übersät von Katalogen, Prospekten und Aktenordnern, die teilweise von allen möglichen Schriftstücken bedeckt waren. Insgeheim schmunzelte Karin und dachte an den Spruch vom Genie und dem Chaos.

Herr Neubauer erklärte: „Ich bin hier eigentlich immer auf der Suche nach Neuheiten und günstigen Angeboten. Bevor ich Sie im Betrieb herumführe, möchte ich Sie kurz mit unserer Organisation vertraut machen. Wir haben knapp 200 Mitarbeiter und Mitarbeiterinnen, die in fünf Bereiche aufgeteilt sind. Jeder Bereich hat einen Abteilungsleiter. Da wäre einmal der Vertriebsleiter, zuständig für die Verkaufsleiter und Filialen. Dann haben wir die Betriebsleitung mit der Zuständigkeit für den Wareneingang, die Warenbereitstellung und den Fuhrpark. Natürlich darf die Verwaltung nicht fehlen. Hier ist die EDV-Abteilung als zentrales Glied für die Abrechnungen der Filialen, das Berichtswesen und die Arbeitszeiterfassung zuständig. Außerdem gibt es noch eine Abteilung, die für die Gebäude und die gesamte dort untergebrachte Technik verantwortlich ist. Als letztes haben wir noch die Disposition."

„Ich habe mir das gar nicht so umfangreich vorgestellt", sagte Karin erstaunt. „Während meiner Ausbildung gab es das noch nicht in dem Maße. Man hatte seinerzeit mehrere kleine Zwischenlager."

„Na ja, bei den Unmengen an Waren, die hier täglich durchgeschleust werden, wird eine gute funktionierende Organisation gebraucht. Unsere Kunden möchten ja ein breitbandiges Angebot mit einwandfreier Qualität vorfinden. Dafür muss dann schon ein entsprechender Aufwand betrieben werden." Herr Neubauer führte Karin nun aus dem Bürobereich in die Lagerhalle. Staunend stand sie vor den Regalreihen mit ihren sechs Ebenen. Er wies Karin in die Sicherheitsregeln ein, damit sie nicht „unter die Räder" kam, denn es gab etliche elektronisch gesteuerte Flurförderzeuge, die die Waren transportierten. Die Fahrwege waren mit gelber Farbe kenntlich gemacht und durften nicht betreten werden.

„Wenn die Filiale Ware benötigt, wird die Bestellung über Datenleitungen an die EDV gesandt. Nach der Erfassung wird die Bestellung an die Warenbereitstellung weitergeleitet. Kommissionierer stellen die Waren zusammen, verpacken sie bei Bedarf und beladen die elektronischen Transporter. Diese bringen ihren Inhalt zu den Ladestationen, bei denen die Waren auf die Lkw verladen und zur Filiale transportiert werden."

Während Herr Neubauer mit Karin durch die Halle ging und darauf achtete, dass sie nicht versehentlich vom Wege abkam, beantwortete er ihre Fragen und gab detailliertere Auskünfte. Er war über ihr reges Interesse angenehm überrascht und ließ sie es auch spüren.

„Das hier kann man nicht in drei Tagen beherrschen, da muss man hineinwachsen."

„Ja, das denke ich auch, aber es ist zu schaffen", erwiderte sie. Gemeinsam begaben sie sich wieder zum Büro. Karin hatte noch einige Fragen und verabschiedete sich.

Auf dem Heimweg ließ sie alles noch einmal Revue passieren. Sie war, wenn sie die Arbeit annehmen sollte, für die EDV vorgesehen. Während der Einarbeitungszeit wollte sie allerdings alle Bereiche kennenlernen und sich dann entscheiden. Diese Möglichkeit war gegeben, denn es fehlte in mehreren Bereichen noch Personal. War das aber die richtige Arbeit für sie? Mit dem Rolli gab es keinerlei Schwierigkeiten, das war schon mal sehr gut. Die Leute waren alle ganz nett, na ja, das sagte eigentlich nicht allzu viel. Die ganze Anlage machte einen ordentlichen und sauberen Eindruck. Mit Uwe sprach sie in Ruhe alles durch. Er hatte nichts dagegen, wenn sie sich positiv entscheiden würde. Am übernächsten Tag rief sie Herrn Neubauer an und sagte zu. Er freute sich, denn er hatte von Karins Arbeitsleistung gehört, und versprach, den Vertrag in den nächsten Tagen zuzuschicken. „Auch das wäre erledigt", murmelte Karin vor sich hin, denn nun hatte sie ab 1. Dezember, ein Jahr nach ihrem Unfall, wieder einen Arbeitsplatz.

Am ersten Arbeitstag nahm Karin etwas aufgeregt eine Abkürzung, so brauchte sie nur eine knappe halbe Stunde. Sie parkte den Volvo auf „ihrem" Parkplatz vor dem Lagerhaus. Herr Neubauer hatte in der Zwischenzeit für seine neue Mitarbeiterin einen Arbeitsplatz einrichten lassen. *Mit einem PC kann ich ja umgehen und der Rest, na, das wird schon*, dachte sie bei sich. Zuerst wurde sie von einer Kollegin noch einmal eingewiesen und mit den restlichen Mitarbeitern bekannt gemacht. Anschließend setzten sich die beiden Frauen im Büro zusammen und die Kollegin erklärte Karin den Betriebsablauf. Das war alles nicht so kompliziert, sie konnte die Abläufe schnell nachvollziehen. Irgendwie fühlte sie sich schon jetzt ein wenig unterfordert, sagte aber nichts. Sie war froh, dass sie wieder Arbeit gefunden hatte, denn das Geld konnten sie und Uwe gut gebrauchen. Die Halbtagsbeschäftigung war für sie auch in Ordnung. In der Frühstückspause erlebte sie allerdings eine Überraschung.

Aus dem Verwaltungsbereich trafen sich fast alle im Pausenraum. Jeder nahm sich einen Teller, ein Besteck und eine Tasse. Auf dem langen Tisch in der Mitte des Raumes standen Warmhaltekannen mit Kaffee und Platten mit verschiedenen Wurst- und Käsesorten verteilt, dazu Margarine und Butter. Wer Tee haben wollte, konnte sich aus einer Kanne mit heißem Wasser bedienen. Ein Bäcker, der jeden Morgen mit seinem Lieferwagen über Land fuhr, brachte frische Brötchen, Brot und je nach Wunsch auch Kuchen. Natürlich wurden diese Kosten umgelegt, jeder zahlte einen festen Betrag pro Mahlzeit in die Kaffeekasse. Der Pausenraum war, etwa wie die Küche zu Hause, komplett eingerichtet. Das gebrauchte Geschirr kam in die Spülmaschine, wurde am Nachmittag abgewaschen und stand am nächsten Tag wieder zur Verfügung. Kaffee kochen und den Tisch decken übernahmen meistens die Damen, aber aufräumen wurde von allen freiwillig ohne besondere Regelungen übernommen. Täglich kam auch ein Reinigungsdienst, der für die Sauberkeit in den Bürobereichen sorgte. Nach der Frühstückspause ließ sich Karin weiter einweisen, und ehe sie sich versah, ging für sie dieser ereignisreiche erste Arbeitstag zu Ende.

Zu Hause sah Uwe seine Frau erwartungsvoll an: „Na, mein Schatz, wie war dein erster Tag, was musstest du denn alles tun, wie waren deine Kollegen, erzähl doch mal!“

„Dann lass mich doch zu Wort kommen“, konterte sie fröhlich und erzählte, wie es ihr an diesem Tag ergangen war.

Endlich hatte sie alles berichtet, da platzte Uwe heraus: „Und ich habe eine Überraschung für dich.“

„Eine Überraschung? Was ist es denn, spann mich nicht auf die Folter“, drängte Karin voller Neugier.

„Ich habe einen Architekten gefunden, der Erfahrung mit Hausbauten für Behinderte hat. Ich wollte ihn schon für heute Abend einladen, damit wir ihm unsere Wünsche vorstellen können, aber dann dachte ich, an deinem ersten Arbeitstag ist das keine so gute Idee.“

„Da hast du recht, lass mir einfach etwas Zeit. Wir müssen es ja nicht übers Knie brechen“, antwortete Karin.

„Nein, das nicht, aber wir könnten das Projekt doch endlich angehen. Dann haben wir den Trainingsraum und den Pool unter einem Dach, und du musst nicht mehr in der Gegend herumfahren.“ Uwe sah seine Frau an.

„Na ja, das stimmt schon“, erwiderte sie.

„Dann mache ich einen Termin für nächste Woche. Wir zeigen ihm unsere Skizzen, und dann kann er in Ruhe alles ausarbeiten und uns sein Angebot zuschicken. Das dauert bestimmt nicht lange.“

Ein paar Tage später klingelte es an der Haustür. Karin war zuerst an der Tür und öffnete. Vor ihr stand ein Mann mittleren Alters mit einem Aktenkoffer an der Hand. Er war mittelgroß mit rundlichem Gesicht und modernem kurzen Haarschnitt. Seine sportliche Kleidung wurde teilweise von einem leichten offenstehenden Regenmantel verdeckt.

„Guten Abend, mein Name ist Eilers, ich bin Architekt.“

„Hallo, kommen Sie herein und legen Sie ab. Mein Mann ist im Wohnzimmer“, entgegnete Karin und rollte ein Stück zur Seite. Nach der Begrüßung setzten sich die drei um den Esstisch herum. Herr Eilers holte aus seinem Koffer einen Ordner, in dem er eine Auswahl seiner bisherigen Projekte gesammelt hatte. Überwiegend großzügige eingeschossige Häuser, mit und ohne Keller, doch alle mit einem niedrigen Dach.

„Was haben Sie sich denn vorgestellt?“ Mit dieser Frage wandte sich der Architekt an Uwe.

Dieser holte die Skizzen aus dem Schrank, legte sie auf den Tisch und erklärte die Wünsche. „Der Eingangsbereich mit guter Einsicht zur Haustür ist ganz wichtig. Dann brauchen wir einen großen Trainingsraum mit Toilette und Dusche sowie einen Swimmingpool. Eine Doppelgarage sollte sein, ebenso ein geräumiger Vorrats- und ein Wirtschaftsraum. Als Mittelpunkt des Hauses sollte das Wohnzimmer dienen, mit einem Zugang zur teilweise überdachten Terrasse und zur Küche. Schlafzimmer, Kinderzimmer, Bad und Arbeitsraum brauchen wir natürlich auch noch. Ein Keller wäre genauso überflüssig wie ein Dachboden. Das heißt, Heizung, Waschmaschine und Trockner benötigten auch noch zu ebener Erde ihren Platz. Summa summarum kommen so eine ganze Menge Quadratmeter Wohnfläche zusammen."

Herr Eilers hielt das durchaus für einen fairen Preis realisierbar, doch erst musste ein geeignetes Grundstück gefunden werden. Von ihrer jetzigen Wohnung aus hatten Karin und Uwe keinen weiten Weg zur Arbeit. Bis zur nächsten Stadt war es auch nicht allzu weit, also sollte das Grundstück, wenn irgend möglich, wohl in der Nähe liegen.

„Ein paar Orte weiter von hier wurde ein Baugebiet erschlossen. Ein Landwirt verkaufte dort einiges von seinem Grund und Boden. Damit konnte er in seinen Betrieb investieren und arbeitet heute wieder rentabel. Ich habe auf mehreren Grundstücken Vorkaufsrecht. Ein Eckgrundstück wäre für Sie von der Größe her genau richtig. Sie können es sich ja mal ansehen." Herr Eilers holte einen Plan hervor und legte ihn ebenfalls auf den Tisch. Auf einen Zettel zeichnete er die Anfahrt auf und gab sie Karin.

„Das ist ja interessant", sagte Uwe. „Wir werden uns das Grundstück auf jeden Fall ansehen. Es ist ja wirklich nicht weit. Was meinst du, mein Schatz?", fragte er seine Frau.

„Denk dran, ich brauche Platz fürs Bogenschießen", gab sie zu bedenken.

„Da sehe ich keine Probleme, so viel Platz ist allemal vorhanden. Wenn es Ihnen recht ist, nehme ich alles mit und mache für Sie ein Angebot fertig. Bis Ende nächster Woche schicke ich Ihnen die Unterlagen zu, dann können Sie sie in aller Ruhe studieren. Ich würde mich freuen, wenn Sie mich dann über Ihre Entscheidung informieren. Auf jeden Fall ist das Grundstück für Sie reserviert."

Karin holte in der Zwischenzeit etwas zu trinken und die drei unterhielten sich noch zwanglos über die Schwierigkeiten im Alltag mit dem Rollstuhl. Schließlich verabschiedete sich Herr Eilers und ließ das Ehepaar mit der Hoffnung zurück, doch bald ein eigenes Haus zu besitzen.

„Ich glaube, der Architekt ist der richtige Mann für uns, ich habe ein gutes Gefühl, dass die Sache klappen wird", sagte Karin, als sie wieder im Wohnzimmer waren.

„Auf mich macht er auch einen positiven Eindruck. Lassen wir alles auf uns zukommen. Wann wollen wir uns das Grundstück ansehen?" Uwe holte seinen Kalender hervor und schlug den aktuellen Monat auf. „Wie wäre es jetzt am Freitag. Da bin ich ab Mittag zu Hause?"

„Ich denke, das geht. Am Nachmittag muss ich zwar zum Training, aber da kann ich auch später hin. Ja, ja, das geht. Lass uns am Freitag hinfahren."

Uwe kam am Freitag pünktlich zum Essen nach Hause. Karin hatte einen deftigen Eintopf gekocht. Während beide am Tisch saßen und die Suppe löffelten, erzählte Uwe, dass er sich auch nach anderen Grundstücken umsehen wollte. Im Augenblick war aber auch im weiteren Umkreis nirgends etwas zu bekommen.

„Wenn die Lage in Ordnung ist, und letzten Endes der Preis stimmt, dann sollten wir das Grundstück nehmen und das Haus bauen."

„Wir werden es ja nachher sehen", antwortete Karin mit erwartungsvollem Unterton.

Uwe ließ seinen Opel langsam durch die Ortschaft rollen. Karin hielt mit suchendem Blick Ausschau nach Hinweisen auf das Neubaugebiet. Die Gegend, durch die sie bis hierher gefahren waren, sagte ihnen beide zu. Wald und Ackerland bildeten ein ausgewogenes Gemisch. Die Ortschaft war bis vor einigen Jahren durch die Bauernhöfe geprägt gewesen, doch mit der Zeit mussten viele Landwirte teilweise von ihrem Grund und Boden verkaufen oder sogar den Betrieb ganz einstellen. Von der Großstadt, die nur eine halbe Autostunde entfernt lag, zogen immer mehr Familien hierher, sodass in diesem einstigen Dorf mittlerweile wesentlich mehr Einfamilienhäuser als Bauernhöfe standen.

„Da links muss es sein“, schrie Karin fast, denn sie hatte den Hinweis nicht früher sehen können. Nur durch eine Vollbremsung schaffte es Uwe, das Auto in den besagten Abzweig zu bringen. Kurz vor dem Wald bog er nach links in den parallel zur Hauptstraße verlaufenden Weg ein. Noch war es ein Sandweg, aber rechts und links davon standen schon einige Häuser, manche sogar im Bungalowstil. Bald würde auch die Straße fertig sein. Die Grundstücke waren alle markiert, so konnte man leicht die Grenzen erkennen. Am Ende des Weges, auf der rechten Seite zum Wald hin gelegen, war das angegebene Eckgrundstück. Es erschien recht groß, doch das Haus, welches sich Karin und Uwe vorstellten, brauchte auch viel Platz.

„Das wäre nicht schlecht, wenn es das ist, was uns der Architekt nannte“, sagte Uwe, hielt das Auto an und stieg aus. Er holte den Rolli aus dem Kofferraum und half seiner Frau beim Aussteigen. Dabei war er leicht verwirrt, weil sie dieses Mal nicht protestierte, sondern die Hilfe annahm. Uwe schob den Rollstuhl über den festgefahrenen Sand zu dem Grundstück. Dabei hörten sie aus einem Rohbau laute Musik und manchmal kräftige Hammerschläge. Aus einem anderen Bereich ertönte der schrille Ton einer Kreissäge. Dazwischen, von irgendwo anders her, war ein Streit zwischen zwei Handwerkern zu vernehmen. Auf einem Haus nagelten die Zimmerleute gerade den Dachstuhl zusammen, bei einem anderen wurden mit flinken Händen Wände gemauert

„Hier ist ja richtig was los“, sagte Karin und schaute sich neugierig um. „Hier am Waldrand ist es doch schön. Die Luft ist sauber, keine Industrie in der Nähe, was wollen wir mehr. Es ist alles eben, hier kann ich auch mal ohne Auto Kleinigkeiten einkaufen. Außerdem habe ich an der Hauptstraße ein Schild gesehen, das auf eine Schule zeigt.“

Uwe lachte. „Willst du noch mal zur Schule gehen, mein Schatz?“

„Ich nicht, aber wenn wir mal Kinder haben, dann ist das schon wichtig mit der Schule, meine ich“, antwortete Karin mit ernster Miene. „Du brauchst gar nicht so groß zu gucken, die Ärzte haben mir gesagt, es wäre ohne Weiteres möglich, dass ich schwanger werde.“

Nachdenklich sah Uwe seine Frau an. *Mit Kindern wäre es schon schön*, dachte er im Stillen, *aber erst sollten doch die Voraussetzungen so weit als möglich erfüllt sein.*

„Vorerst nehme ich noch die Pille, aber wenn wir das Haus fertig haben, vielleicht ...“, riss Karin ihren Mann aus seinen Gedanken.

„Na gut“, entgegnete Uwe, „dann machen wir aber nicht den zweiten Schritt vor dem ersten. Was meinst du denn nun zu dem Grundstück, wollen wir es nehmen?“

„Na klar doch, wenn der Architekt das Haus darauf bekommt, dann machen wir es.“

Sie schauten sich noch ein wenig in dem Ort um, der eventuell bald ihre Heimat sein würde, und fuhren dann nach Hause, denn Karin musste ja noch zum Training. Uwe rief am selben Abend den Architekten an und sagte zu. Herr Eilers versprach, die Zeichnungen und die Finanzierung so schnell wie möglich fertigzumachen.

Tatsächlich steckten die Unterlagen am Ende der nächsten Woche im Briefkasten. Schnell wurde der Wohnzimmertisch freigemacht und die Zeichnungen ausgebreitet. Uwe überflog eilig das Anschreiben, während Karin schon den Grundriss studierte.

„Sieh’ dir das an, der Eilers hat alles untergebracht, was wir uns ausgedacht hatten. Hier schau her, von der Straße kommst du direkt zur Doppelgarage. Daneben liegt der Vorrats- und der Wirtschaftsraum. Dahinter ist der Pool mit dem Fitnessraum. Das finde ich klasse, dass der Bereich für sich abgeteilt ist.“ Karins Begeisterung wurde noch größer, als sie die Schießbahn entdeckte. Uwe beugte sich über die Zeichnungen und freute sich ebenfalls.

„Diese Seite ist auch in Ordnung, finde ich. Der Eingangsbereich ist gut zu übersehen, die Küche daneben ist auch nicht schlecht. Im Anschluss an die Küche und dem Eingang das

Wohnzimmer sowie die Kinderzimmer, Bad, Schlafzimmer und Arbeitsraum, die Anordnung ist ebenfalls eine gute Lösung. Dann lass uns doch mal einige Situationen durchspielen."

Nun überlegten sie, wenn Karin zum Beispiel mit Einkäufen nach Hause kam. In der Garage war so viel Platz, dass sie auch noch bequem ein- und aussteigen konnte, wenn beide Autos darin standen. Die Einkäufe konnte sie gleich im Vorratsraum unterbringen. Hier waren auch, etwas abgeteilt, die Waschmaschine und der Trockner vorgesehen. Nun konnte sie vom Eingangsbereich direkt weiter ins Wohnzimmer abbiegen oder in die Küche rollen. Vom Wohnzimmer aus ging es durch die großen verglasten Schiebeelemente auf die Terrasse. Die war mit abgerundeten Elementen überdacht und nach Südwesten ausgerichtet. Die Sonne schien, wenn es denn mal vorkam, ab Mittag bis Sonnenuntergang auf diesen Bereich. Vom Wohnzimmer aus kam Karin auch ganz bequem durch einen Flur zu den Kinderzimmern, dem Schlafzimmer und dem Bad.

Bei der nächsten Situation überlegten beide, wie Karins Training ablaufen sollte. Sie freute sich über die Anordnung des Pools und des Fitnessraumes. Sie konnte über die Terrasse dorthin gelangen, durch den Vorratsraum oder direkt von der Garage aus. Gleich hinter dem „Fitnesscenter" ließ sich im Garten eine Schießbahn für die Bogenschützin anlegen. So konnte niemand gefährdet werden. Anschließend stellten sich Karin und Uwe noch mehrere Situationen vor und kamen schließlich zu dem Ergebnis, dass das Haus auf jeden Fall gut und praktisch aufgeteilt war, es gab nichts zu bemängeln. Durch die winkelige Bauform ließ sich der Gartenbereich hervorragend gestalten, es gab keine ungenutzten Ecken.

„Ich glaube, ich habe mich schon jetzt in diesen Grundriss verliebt", sagte Karin und ihr Mann konnte das nur bestätigen.

„Das wäre nun der erste Teil, jetzt muss das ganze Objekt nur noch finanziert werden", dämpfte Uwe die überschwängliche Stimmung. Er sah die restlichen Unterlagen durch, fand auch die Baubeschreibung sowie die Finanzierung. Hier waren die beiden Bausparverträge von Uwe und Karin sowie das Geld von der Berufsgenossenschaft einbezogen. Die Energiesparmaßnahmen, wie z. B. die Sonnenkollektoren und Wärmepumpen, wurden staatlich gefördert. Dafür musste nicht so viel Eigenkapital aufgewendet werden. Der verbleibende Rest war durch eine Hypothek abgedeckt, bei der die monatlichen Belastungen noch gut zu verkraften waren.

„Ich denke mal", wandte sich Uwe an seine Frau, „auch wenn du keine Arbeit mehr haben solltest, können wir alles finanzieren."

Karin überdachte ebenfalls die Finanzierung, aber auch sie sah keine Probleme.

„Ich weiß nicht so recht", gab sie zu bedenken, „für mich ist das alles zu einfach. Was hat der Eilers denn zum Beispiel für Fliesen berücksichtigt? Vielleicht gefallen uns die gar nicht. Was ist mit den Sanitärobjekten? Sind das einfache billige Modelle, oder ist dafür eine höhere Preisklasse vorgesehen? Lass uns doch noch einmal die Baubeschreibung durchsehen!"

Stück für Stück sahen sie sich das Angebot noch einmal an, bis Karin streikte, denn es war schon weit nach Mitternacht. Klare Gedanken konnten beide nicht mehr fassen. Das ganze Wochenende über grübelten und diskutierten sie über ihr Bauvorhaben. Uwe machte sich reichliche Notizen über die Punkte, die mit dem Architekten noch abgesprochen werden mussten. Diese Liste hatte am Sonntagabend eine beträchtliche Länge, aber das musste sein, man wollte schließlich keine bösen Überraschungen erleben. Gleich am Montag rief Uwe Herrn Eilers an und bat um einen neuen Termin. Einige Tage später saßen sie wieder zu dritt um den Esstisch herum.

„Im Windfang, Wohnzimmer, Küche, Bad und Vorratsraum habe ich Fliesen mittlerer Preisklasse vorgesehen", begann Herr Eilers mit seinen Erklärungen. „Da gibt es schon ausreichende Qualität. Beim Pool sieht die Sache etwas anders aus, hier sollte schon aus Sicherheitsgründen eine spezielle Fliese verarbeitet werden. Die anderen Räume sind, bis auf die Garage, mit PVC-Belägen ausgelegt. In der Garage muss auf den Estrich ein Spezialanstrich aufgebracht werden, wir wollen schließlich unseren Beitrag zum Umweltschutz leisten."

„In welchen Firmen können wir uns die Fliesen, Sanitärobjekte und so weiter denn ansehen?", wollte Karin wissen.

Herr Eilers gab ihr eine Liste mit den Adressen, die er schon vorbereitet hatte. Er musste ja wissen, was sich die Eheleute aussuchen wollten.

„Ich möchte gern etliche Eigenleistungen erbringen, damit unsere monatlichen Belastungen nicht so hoch sind. Darüber sollten wir auch noch sprechen", warf Uwe in die Gesprächsrunde. Es wurde ein langer Abend, bis alles ausgehandelt war. Bis auf die vereinbarten Eigenleistungen sollte das Haus schlüsselfertig zu dem festgelegten Termin und dem angegebenen Kaufpreis übergeben werden.

Mit dem Notar wurde schließlich ein Termin abgesprochen, und so saßen nun Herr Eilers sowie die Eheleute Wagner vor dessen Schreibtisch. Stück für Stück gingen sie den Vertrag durch und räumten noch einige Unklarheiten aus dem Wege.

„Dann können Sie hier unterschreiben", sagte der Notar.

„Sobald die Eintragung im Grundbuch erfolgt ist, können die Arbeiten beginnen. Wenn der Winter wieder so mild ist wie der letzte, dann geht der Bau zügig voran", versprach Herr Eilers.

„Ja, wenn …", gab Uwe zu bedenken, der gerade seine Unterschrift neben Karins Namenszug setzte.

„Lassen wir uns einfach überraschen", antwortete Karin optimistisch. Damit verabschiedeten sich die drei vom Notar und verließen das Büro.

„Sie bekommen sofort Nachricht", sagte Herr Eilers zu Uwe, „sobald wir beginnen. Von da an werden die Abschlagzahlungen, je nach Baufortschritt, fällig."

„Ich weiß Bescheid, und wir melden uns, wenn wir noch etwas auf dem Herzen haben", antwortete Karin für ihren Mann, dann verabschiedeten sie sich. Auf dem Nachhauseweg sprachen sie wenig miteinander, denn ihre Gedanken drehten sich um das erträumte Projekt. Wenn alles gut verlief, dann würden sie etwa in einem Dreivierteljahr in ihrem eigenen Haus wohnen. *Und wenn ich wieder laufen könnte wäre mein Glück vollkommen*, dachte Karin und gab einen Seufzer von sich.

5. Kapitel

Fast einen Monat arbeitete Karin nun schon im Lagerhaus. Die Arbeit sagte ihr zu, sie konnte zufrieden sein, denn die Kollegen waren alle nett und hilfsbereit, ohne sich jedoch aufzudrängen. Fast unbemerkt führte sie einige Vereinfachungen ein, so wurde sie ganz schnell als vollwertige Mitarbeiterin anerkannt. Auch der Rollstuhl spielte keine Rolle, man kannte sie nicht anders und nahm sie so, wie sie mit ihrer lockeren Art eben war. Ihre Ehe, die Hausarbeit, die Einkäufe, das regelmäßige Training und die Tätigkeiten beim THW, das spielte sich alles ein, doch war nicht mehr viel Freizeit für sie selbst übrig. Meistens gut gelaunt ging ihr alles flott von der Hand, aber es gab auch Tage, da wollte nichts so richtig gelingen.

An einem dieser Tage rutschte ihr der Frühstückstoast aus den Fingern. Die Marmeladenseite streifte ihre neue Bluse, die Hose und landete schließlich mit der Oberseite auf dem Fußboden. „Auch das noch, so eine Sch...", schimpfte sie laut, denn es war schon später als sonst und Uwe war schon zur Arbeit. Also noch einmal umziehen und saubermachen, aber erst nach dem Frühstück. Endlich konnte sie sich auch auf den Weg machen, doch mit dem Rolli wollte es nicht so wie gewohnt klappen. Sie konnte ihn nur mit Mühe hinter dem Beifahrersitz verstauen, irgendwo verhakten sich die kleinen Räder immer wieder. Endlich rollte der Volvo aus der Einfahrt, doch plötzlich musste sie abrupt bremsen. Karin hatte den Radfahrer fast zu spät gesehen, aber das ging noch einmal gut. Er war einer von vielen, die der Meinung waren, dass er fahren konnte, wo er wollte. Wütend drohte er mit der Faust und schimpfte aus Leibeskräften. Zu Unrecht, denn er war auf dem Fußweg gefahren und dann noch auf der falschen Seite.

„Ich glaube, du hast das gleiche Problem wie ich", hielt Karin ein Selbstgespräch, „es ist einfach nicht mein Tag heute, aber nun in aller Ruhe weiter!"

Verspätet erreichte sie endlich das Lagerhaus und bekam von den lieben Kollegen ein hämisches „Mahlzeit" zur Begrüßung.

„Wir können ja tauschen", entgegnete sie knapp, aber das wollte dann doch keiner. Im Laufe des Vormittags rief Uwe sie an. Überrascht fragte sie, was los sei.

„Ruf doch mal in der Rehaklinik an. Ich glaube, sie haben einen Termin für dich."

„Mach ich sofort, ich melde mich nachher wieder, bis dann."

In der zweiten Januarwoche war sie für die lang ersehnte OP eingeplant, endlich konnte sie diesen lästigen Beutel loswerden. Sie telefonierte gleich darauf wieder mit ihrem Mann und informierte ihn über das Gespräch mit der Klinik. Uwe freute sich mit seiner Frau, denn sie litt doch mehr, als sie es zugeben wollte, unter der ständigen Belastung mit dem Katheter und dem Beutel. In Gedanken war Karin gar nicht mehr so richtig bei der Arbeit. Als ihr dann auch noch der Computer abstürzte, packte sie ihre Sachen zusammen und fuhr nach Hause. Im Briefkasten steckte außer den vielen Reklamen nur ein Brief vom Architekten. Mit nervösen Fingern öffnete sie den Umschlag und überflog die Zeilen. Herr Eilers schrieb, dass das Bauamt keine Genehmigung erteilt hatte, weil das Haus in der gewünschten Form nicht in die zu bebauende Fläche hineinpasste. Einiges müsste noch geändert werden. In den nächsten zwei Wochen wäre er allerdings auf einer anderen Baustelle, würde sich aber wieder melden, sobald er dort fertig war, um einen Termin abzusprechen.

„Das fängt ja schon gut an", gab Karin etwas ärgerlich von sich, „das ist wirklich nicht mein Tag heute." Sie rollte in die Küche, bereitete sich einen Cappuccino und überlegte den weiteren Tagesablauf. Schließlich holte sie den Wäschekorb aus dem Schlafzimmer, stopfte die Waschmaschine voll und setzte sie in Betrieb. Dann nahm sie sich Raum für Raum vor, wischte Staub, räumte überflüssige Gegenstände weg, wobei sie merklich ruhiger wurde. Das änderte sich jedoch schlagartig, als aus dem Wirtschaftsraum so fremdartige Geräusche drangen. Die Waschmaschine pumpte gerade das Wasser ab, aber es floss nicht wie üblich ins Waschbecken, sondern auf den Fußboden. Der Grund war schnell gefunden. Der gekrümmte Schlauch musste wohl schon vor ein paar Tagen aus dem Waschbecken gerutscht sein, als Karin hier saubergemacht hatte. Sofort hängte sie den Schlauch wieder an seinen alten Platz, doch der Wasserstrahl durchnässte sie von oben bis unten. Verärgert holte sie einen Eimer, ein Kehrblech, ein Aufwischtuch und begann, so schnell es ging, das Wasser vom Boden aufzunehmen. In der ganzen Wohnung gab es nun mal keine Stufen, so konnte sich das Wasser bereits in andere Räume ausbreiten. Für Karin war es wahrlich nicht einfach, von der Sitzposition aus, diesen Schaden zu beseitigen. Sie war der Verzweiflung nahe, denn an diesem Tage ging fast alles schief. Nachdem sie sich umgezogen hatte, traute sie sich auch nicht mehr etwas zu kochen, denn es könnte ja möglich sein, dass ihr zu allem Überfluss das Wasser „anbrennen" würde. Deshalb bereitete Karin für das gemeinsame Abendessen eine kalte Speise vor, das würde ihrem Mann sicherlich nichts ausmachen.

Uwe kam etwas später von der Arbeit nach Hause, nahm seine Frau in die Arme, nachdem sie von dem verkorksten Tag berichtet hatte, und legte ihr einen Blumenstrauß auf die Knie.

„Ich hoffe, mein Schatz, dass nicht noch mehr solche Tage folgen."

„Nein", erwiderte sie, „das hoffe ich auch." Dabei sah sie ihren Mann liebevoll an, konnte aber nicht verhindern, dass ihr zwei dicke Tränen über die Wangen kullerten. Durch die Belastung des vergangenen Tages schmerzte der Katheter besonders, das verschwieg sie ihrem Mann natürlich, denn sie wollte ihn nicht beunruhigen. Gott sei Dank rückte der OP-Termin in greifbare Nähe, so ließen sich die Schmerzen halbwegs ertragen.

Karin murmelte noch etwas vor sich hin, das jedoch konnte ihr Mann nicht verstehen, es war sicher auch ganz gut so. Sie wechselten das Thema und sprachen noch einmal über das unmittelbar bevorstehende Weihnachtsfest. Eigentlich würden sie ja liebend gern alleine sein, aber Karin wollte ihre Mutter dann doch zum Essen einladen, eventuell am ersten Feiertag. Uwe hatte keine Verwandtschaft mehr, so würden sie mit der Mutter alleine sein und wohl auch keine Probleme haben, es sei denn, dass sie ihre Abneigung ihm gegenüber zu deutlich zur Schau stellen würde. Geschenke gab es nicht, das hatten Karin und ihr Mann so ausgemacht, also fiel die Hetzerei durch die Geschäfte, nur um irgendetwas zu kaufen, weg. Der weihnachtliche Schmuck zu Hause stellte für Karin kein großes Problem dar. Etliches hatte sie ja schon in der Zwischenzeit gekauft, den Tannenbaum sollte Uwe kurz vor dem Fest besorgen, ihn zu schmücken war dann gemeinsame Sache. So waren die Vorbereitungen eigentlich schon alle abgeschlossen.

Ehe sich die beiden versahen, war es Heiligabend. Uwe holte am Vortage den Tannenbaum aus dem Wald, denn wie in jedem Jahr gab der Förster bestimmte Bäume frei. Nun stand die Tanne im Wohnzimmer und wurde liebevoll geschmückt. Karin gab ihrem Mann nacheinander die Kugeln, Sterne und das Lametta mit der Anweisung, wo alles hingehörte. Auf diese Weise wurde auch der restliche Schmuck in der Wohnung verteilt, bis sie in weihnachtlichem Glanze erstrahlte. Nach dem Kaffeetrinken saßen die Eheleute im Wohnzimmer zusammen und erzählten sich aus ihrer Jugendzeit, was ihnen gerade so einfiel. Dabei wurde über manche Streiche herzhaft gelacht, aber es gab auch ernsthafte Erinnerungen. Zum Abendessen hatte Karin ein Fondue vorbereitet. So konnte man sich Zeit lassen und sich unterhalten, ohne dass etwas kalt wurde. Es musste außerdem ja nicht der übliche Kartoffelsalat sein. Am ersten Feiertag kam Karins Mutter nur zum Kaffee. Uwe gegenüber war sie nach wie vor reserviert, aber es fiel an dem Nachmittag kein böses Wort. Karin wünschte sich so sehr, dass ihre Mutter die Ablehnung gegen Uwe endlich überwand, aber das blieb wohl nur ein Traum. Wie gern wäre sie mit der ganzen Familie über Weihnachten zusammen, doch keiner, auch nicht ihr Bruder, machte den ersten Schritt zu einer Annäherung, denn nach der Hochzeit ging man sich wieder weitgehend aus dem Wege.

Die wenigen Arbeitstage zwischen Weihnachten und Neujahr nutzte Uwe, um seine Überstunden abzubauen, und Karin hatte, wie die meisten Kollegen, vorgearbeitet. So ein paar freie Tage gemeinsam zu Hause, das genossen sie, denn das vergangene Jahr war ereignisreich genug gewesen. Den Jahreswechsel verbrachten sie auch in aller Stille, bis auf den Frühschoppen am Neujahrstag. Dazu kamen Freunde vom THW und von Uwes Fußballverein. Das Vereinsleben sollte im neuen Jahr wieder aktiv gepflegt werden, deshalb war es wichtig, die Verbindung nicht abreißen zu lassen. Man plauderte ausgelassen bei Bier und Wein und freute sich, dass Karin nach ihrem Unfall ihr Leben so gut meisterte. Sie hatte in aller Frühe schon in der Küche einen kleinen Imbiss zubereitet, der mit großer Anerkennung gewürdigt wurde. Die Gäste langten dann auch kräftig zu.

Der Architekt meldete sich und erklärte, dass er im Januar keine Zeit mehr haben würde. Er musste seinen restlichen Urlaub nehmen und hatte eine Flugreise gebucht. Er wollte Uwe aber noch die Ablehnung vom Bauamt zuschicken, damit sie sich während seiner Abwesenheit über Änderungen unterhalten konnten. Anfang Februar sollte dann alles in die Wege geleitet werden. Karin war darüber sehr ungehalten: „Was denken die sich eigentlich, ich lebe im Rollstuhl und brauche meinen Freiraum. Dann kann ich ja gleich in eine Hundehütte ziehen."

„Nun warte doch erst mal ab, was wir vom Architekten bekommen. Vielleicht ist das gar nicht so tragisch, und wir brauchen bloß kleine Änderungen zu machen." Uwe versuchte, seine Frau etwas zu beruhigen.

„Das ist aber doch der ideale Grundriss für uns, und das Grundstück ist groß genug, das Haus passt da bald zweimal drauf. Ich verstehe nicht, wieso wir auf einer kleineren Fläche bleiben müssen. Die Grenzabstände haben wir allemal eingehalten." Karin war nicht zu bremsen, sie wurde immer wütender.

Schließlich wollte Uwe das Thema beenden und sagte mit Bestimmtheit: „Nun warte doch ab, was wir zugeschickt bekommen, dann können wir uns immer noch darüber aufregen. Die auf dem Bauamt haben sicher keine Ahnung von den Bedürfnissen behinderter Menschen, und ich weiß nicht, wie sich der Architekt bei den Behörden durchsetzen kann."

Karin wollte im THW verbleiben und, ihren Möglichkeiten entsprechend, eventuell als Schriftführerin tätig sein. Sie könnte auch die Kasse verwalten, aber das müssten die Mitglieder bei der nächsten Wahl entscheiden. Diese war zwar erst im Februar, aber sie wurde jetzt schon eingeladen. Uwe sollte doch wieder aktiv Fußball spielen, aber durch seine Schichtarbeit fand er keine Übereinstimmung mit den Spielterminen. Die Vereinsfreunde versuchten, ihn zu überreden, dann wenigstens ein Amt zu übernehmen. Ja, das wollte er sich noch überlegen. Für Uwe war die körperliche Betätigung auf dem Fußballplatz vorrangig, aber nicht allein die Übernahme eines Amtes. Wenn er keine Gelegenheit zum Spiel hatte, brauchte er keinen Fußballverein. Außerdem gab es beim Hausbau genug Betätigung, denn er wollte ja sowieso viel selbst machen.

In der zweiten Januarwoche brachte Uwe seine Frau in die Rehaklinik. Schwester Gabi drückte überschwänglich ihre damals schon lieb gewonnene Patientin zur Begrüßung so fest, dass dieser fast die Luft wegblieb. Karin freute sich über diesen stürmischen Empfang, denn viele Monate hatte ja diese Klinik fast ihr Zuhause gegolten. Sie bekam ein schönes Zimmer in der dritten Etage und teilte es sich mit einer älteren Dame. Sie war ebenfalls ein „Querschnitt", hatte aber immer wieder Probleme. Durch das Sitzen im Rollstuhl fehlte ihr die nötige Bewegung, die Folge davon war, dass sie an Gewicht ganz schön zulegte. Außerdem ließ sie sich gehen und machte keine ausreichenden Übungen, um die intakte Muskulatur aufzubauen und zu erhalten.

Nach eingehender Befragung und Untersuchung bekam Karin Medikamente gegen ihre leichte Blasenentzündung. Gott sei Dank war das kein Anlass zur Sorge. Wenige Tage später kam eine Schwester und bereitete Karin für die OP vor. Dr. Volkmar erklärte ihr noch einmal, was alles gemacht würde, sie brauche sich keine Sorgen zu machen, denn die OP war reine Routinesache. Voller Zuversicht ließ sich Karin dann auch in den großen, sterilen Saal fahren, wo das Ärzteteam ihr eine Sonde für die Blase einsetzte, über die sie den Schließmuskel kontrollieren konnte. Erst wenn Karin die Sonde von außen aktivierte, war Wasserlassen möglich. Damit wurde der Beutel überflüssig, der bisher ihre Lebensqualität beeinträchtigt hatte. Die OP verlief ohne Komplikationen und nach kurzem Aufenthalt auf der Wachstation wurde sie wieder auf ihr Zimmer gebracht.

Am späten Nachmittag kam Uwe zu Besuch, doch seine Frau war nicht richtig ansprechbar. Er blieb jedoch an ihrem Bett sitzen und hielt ihre Hand. Das schien ihr gut zu tun, denn ab und zu öffnete sie die Augen und lächelte ihn an. Am nächsten Tag sah die Welt schon ganz anders aus. Karin war mit sich, den Umständen entsprechend, zufrieden. An die Sonde gewöhnte sie sich sehr schnell, doch musste sie noch einige Tage zur Beobachtung in der Klinik bleiben. Das nahm sie gerne in Kauf, denn Uwe besuchte sie jeden Tag, aber bei dem derzeitigen Klinikaufenthalt brauchte er sie nicht zu trösten, denn Karin hatte sich notgedrungen damit abgefunden, dass ihr Leben im Rollstuhl verlief, und sie machte das Beste daraus. Sie hielt sich auch nur zum Schlafen in ihrem Zimmer auf, weil sie jede Gelegenheit zum Konditionstraining und Bogenschießen nutzte. Das machte ihr so viel Freude, dass sie ein wenig traurig war, wenn sie an Zuhause dachte, weil sie dort nicht so trainieren konnte.

Während der Visite teilte ihr der Chefarzt mit, dass alles in Ordnung sei und kein Grund bestünde, sie länger in der Klinik zu behalten. Wenn Karin gekonnt hätte, wie sie wollte, dann wäre sie dem Arzt vor Freude um den Hals gefallen. Ihr erster Weg führte zum Telefon, um Uwe die freudige Nachricht mitzuteilen, endlich befreit von der unangenehmen Last zu sein. Uwe konnte sich für eine begrenzte Zeit freimachen, fuhr zur Klinik und brachte seine Frau nach Hause.

Einige Tage später fuhr Karin zum Bauamt, um sich nach dem Bauantrag zu erkundigen. Vor dem großen Backsteinbau waren zwei Plätze für Behinderte ausgewiesen, natürlich fremd besetzt. Ihr fiel wieder der Gruppensprecher der Behinderten ein, mit dem sie sich im letzten Jahr auch über diese Probleme unterhalten hatte. Mit viel Kraft überwand sie die Eingangsstufe und war über den Fahrstuhl froh, denn sie musste in die zweite Etage. Sie klopfte an die Tür und rollte nach dem „Ja bitte" hinein. Der Raum war nicht sehr groß, oder er wirkte nur so, denn an den Wänden standen große Aktenschränke, zwei große Tische in der

Mitte des Raumes waren rechtwinklig zur Fensterfront aufgestellt. An einem Tisch saß ein Mann, der wohl bald in den Ruhestand ging, fast hinter Aktenbergen versteckt. Der andere Tisch war mit Aktenhäufchen übersät. Selbst auf dem einen Stuhl, der seitlich im Raum stand, türmten sich Ordner. Karin hatte den Eindruck, das absolute Chaos betreten zu haben. Das „Guten Morgen“ fiel unerwartet freundlich aus, sodass Karin in gelöster Stimmung ihre Wünsche vortrug. Dabei platzierte sie sich so, dass der Beamte an seinem Arbeitsplatz fast eingekeilt war, während sie aus ihrem Rucksack die Bauunterlagen angelte und ihm reichte.

Lange studierte er die Zeichnungen und Baubeschreibungen, dann sagte er: „Das ist alles schön und gut, was Sie mir hier vortragen, Frau Wagner, aber sehen Sie, wir haben für die Grundstücke in dem bezeichneten Baugebiet Flächen ausgewiesen, auf denen gebaut werden kann. Ihr Eckgrundstück war für eine Teilung zu klein, also ist die zu bebauende Fläche genauso groß wie bei den anderen Grundstücken. In diesem Falle haben Sie um das Haus herum mehr Fläche. Wir sind schon von der Verordnung abgewichen, die vorsieht, dass alle Giebel zur Straße zeigen müssten. Ich möchte Ihnen noch etwas zeigen.“ Damit stand er auf und wollte an Karin vorbei, um Unterlagen aus einem Aktenschrank zu holen. Das ging jedoch nicht, denn sie stand mit ihrem Rolli im Weg. Umständlich rangierte sie so lange hin und her, bis er endlich den Schrank erreichte. Er suchte den großen Lageplan heraus und breitete ihn auf dem mit Akten übersäten Tisch aus.

„Hier sehen Sie das ausgewiesene Neubaugebiet in Verbindung mit der umliegenden Ortsbebauung. Die Bebauung auf den neuen Flächen sollte nun so ausgeführt werden, dass sich die Häuser, übrigens alle eineinhalbgeschossig, in das Landschaftsbild einfügen.“

„Verzeihung“, wandte Karin ein, „ich kann nichts aus meiner Position erkennen. Können Sie die Zeichnung bitte anders halten?“

Etwas verwirrt sah der Beamte die Frau im Rollstuhl an, hielt dann aber die Zeichnung etwas schräger.

„Wir möchten ja auf diesem Eckgrundstück hier unser Haus bauen.“ Karin zeigte mit dem Finger darauf. „Ringsherum sollte ein niedriger rustikaler Zaun und zur Straße hin eine Bepflanzung mit Koniferen sein. Durch diesen grünen Zaun ist vom Haus dann nicht mehr viel zu sehen, sodass es meiner Ansicht nach keine Auswirkung hat, ob es genau in der zu bebauenden Fläche steht oder etwas nach allen Seiten darüber hinausragt. Die Abstände zu den Grundstücksgrenzen sind doch in jedem Fall eingehalten. Außerdem würde es sich durch die Form gut in das allgemeine Bild einfügen."

„Ja, das stimmt schon, aber wenn Sie sich den Lageplan noch einmal ansehen wollen", entgegnete der Beamte. „Sie sehen hier die zu bebauende Fläche, die wir ausgewiesen haben. Ihr Haus würde noch nicht einmal hineinpassen, wenn es um 45 Grad gedreht wird. Wenn Sie auf den Pool und den Kraftraum verzichten würden, in meinen Augen ja für Sie ein Luxus, dann könnte das Haus etwas verschoben werden, und dann würde es eventuell passen. Und hier sehe ich noch die Bahn für Ihr Bogenschießen, das geht nicht so einfach, das ist viel zu gefährlich, da gibt es besondere Auflagen, die erfüllt werden müssen." Damit traf er Karin an ihrer empfindlichsten Stelle.

Innerlich kochte sie vor Wut über seine Arroganz, zwang sich aber zur Ruhe. „Gerade diese beiden Einrichtungen, die Sie für Luxus halten, sind für mich notwendig, damit der Rest meines Körpers kräftig genug bleibt, um meinen Alltag zu meistern. Sie können mit Ihren Beinen gehen, ich muss mich mit den Händen vorwärtsbewegen, und das nicht nur in der Wohnung, sondern bei der Arbeit, beim Einkauf, beim Aufenthalt außerhalb des Hauses usw. Ich bekomme das regelmäßige Training im Fitnesscenter verschrieben, aber ich muss jedes Mal mit dem Auto dorthin fahren, wobei das Ein- und Aussteigen eine halbe Stunde in Anspruch nimmt und die Spritkosten nicht erstattet werden." Karin machte eine kurze Pause und holte tief Luft, deswegen fragte er in diese Pause hinein: „Eine Rollstuhlfahrerin wie Sie kann Auto fahren?"

„Haben Sie überhaupt eine Vorstellung von den Bedürfnissen einer querschnittgelähmten Person?" Karin explodierte fast. „Sie haben doch selbst hier in Ihrem Büro gesehen, wie viel Platz ich benötige. Außerdem, warum soll ich auf ein Auto verzichten, Sie fahren doch auch eines."

„Ja, das ist wahr. Na gut“, versuchte der Beamte wieder auf das Problem zurückzukommen. „Wenn Sie auf der anderen Seite die Kinderzimmer streichen, dann könnten wir versuchen …“ Weiter kam er nicht.

„Wo soll ich denn meine Kinder unterbringen, etwa in der Garage?“ Karin konnte kaum noch an sich halten, diese Arroganz übertraf ja alles, was sie bisher erlebt hatte.

„Wer entscheidet denn nun eigentlich über den Bauantrag?“ Karin ballte ihre Fäuste im Schoß, bis die Knöchel weiß wurden. Im Stillen dachte sie an Worte, die sie lieber nicht aussprechen wollte!

„Das tue ich Gott sei Dank nicht alleine. Wir kommen einmal pro Woche zusammen und besprechen die Problemfälle. Wann Ihr Fall allerdings bearbeitet wird, das weiß ich nicht, denn Sie sehen ja selbst, was sich da angesammelt hat.“

„Dann möchte ich jetzt Ihren Vorgesetzten sprechen. Ich kann es mir nicht leisten, wer weiß wie viel Zeit und Geld zu verlieren.“

„Liebe Frau Wagner“, entgegnete der Beamte ironisch, „das geht nicht so einfach, machen wir doch einen Termin aus.“

„Der Termin ist jetzt, und ich verlasse diesen Raum nicht eher, bis ich Ihren Vorgesetzten gesprochen habe“, sagte Karin mit einer Bestimmtheit und einem Blick, der keine Widerrede duldete.

„Warten Sie einen Moment“, sagte er unwirsch und verwirrt, denn diese Reaktion hatte er nicht erwartet. Karin musste nun wieder rangieren und stieß dabei versehentlich gegen den Stuhl. Der Aktenberg begann zu wanken und fiel in einem heillosen Durcheinander zu Boden. Wutentbrannt verließ der Beamte sein Zimmer. Karin konnte sich ein leichtes Grinsen nicht verkneifen. Der Beamte ging zu seinem Vorgesetzten und schilderte die Situation.

Dieser meinte daraufhin: „So geht das ja nun auch nicht, wir haben hier auch unsere Vorschriften. Geben Sie dieser Frau einen Termin und schicken Sie sie wieder weg.“

„Das habe ich schon versucht, aber sie geht nicht darauf ein. Außerdem bringt sie mein ganzes Büro durcheinander. Inzwischen muss ich schon einen Stapel Akten neu sortieren." Der Beamte sah seinen Chef mit flehenden Augen an.

„Na gut, ich werde mit ihr reden."

Nach einer Weile erschien ein etwas jüngerer, adrett gekleideter Mann bei Karin und stellte sich vor. Er bat sie und den Sachbearbeiter mit allen Unterlagen in den Konferenzraum. Sie hatte den Eindruck, dass ihr Besuch doch noch zum Erfolg führen würde.

„Ja, Frau Wagner, Ihnen wurde erläutert, weshalb wir den Antrag ablehnen mussten. Wenn wir die Vorgaben zu großzügig auslegen würden, dann könnte jeder bauen, wie er wollte, und dann haben wir keine optisch ansprechende Bebauung hier im Ort. Doch nun zu Ihrem Problem."

Karin hatte sich in der Zwischenzeit beruhigt und trug in sachlichem Ton ihre Sorgen vor. Der junge Mann hörte sich alles in Ruhe an, musste ihr sogar in vielen Punkten recht geben. Nach langwieriger Verhandlung blieb nur noch ein Punkt offen, die Schießbahn. Hier schaffte es Karin nicht, den Vorgesetzten zu überzeugen, dass keinerlei Gefahr bestand. Dieser Teil wurde dann auch gestrichen. Anschließend prüften sie die Zeichnungen noch eingehend auf Mängel, doch es fand sich keine Unregelmäßigkeit, der Architekt hatte hier gute Arbeit geleistet. Der Vorgesetzte wies seinen Sachbearbeiter an, die Unterlagen abschließend zu bearbeiten und die Baugenehmigung dem Architekten zuzuleiten. Damit verabschiedete er sich von Karin und entschuldigte sich für die Unannehmlichkeiten. Sie bedankte sich und verließ mit einem Gefühl, einen großen Sieg errungen zu haben, über das Bauamt und die beiden Männer, einen erstaunten Vorgesetzten sowie einen frustrierten Sachbearbeiter.

Als sie wieder im Auto saß, sagte sie zu sich mit großer Zufriedenheit: „Diese Beamten! Man darf sich einfach nicht alles gefallen lassen!"

Einige Tage später meldete sich Herr Eilers bei Karin, die gerade nach Hause kam. „Kann ich heute Abend auf einen Sprung vorbeikommen? Ich habe Nachricht vom Bauamt. Ich verstehe das nicht, erst die Ablehnung und nun die Genehmigung."

„Tja, Herr Eilers, ich habe mich über den Sachstand erkundigen wollen, und dann ist mir der Kragen geplatzt, also dann bis heute Abend."

An diesem Abend wurden noch alle offenen Fragen besprochen. Die Finanzierung stand, und nach dem Eintrag im Grundbuch konnte endlich mit den Arbeiten begonnen werden. Am Wochenende fuhren Karin und ihr Mann zum Grundstück und staunten nicht schlecht über die inzwischen erfolgten Veränderungen. Einige Häuser sahen schon recht fertig aus, auf anderen Grundstücken waren die Fundamente gegossen, aber bei vielen war noch nichts geschehen. So auch auf dem Eckgrundstück, aber das würde sich in kurzer Zeit rapide ändern.

„Lass uns nach Hause fahren, mein Schatz, hier können wir nichts machen. Erst bei Baubeginn möchte ich ab und zu herkommen." Mit dieser Bemerkung schob Uwe seine Frau zum Auto.

Endlich kam der lang ersehnte Brief vom Architekten, dass die Eintragung im Grundbuch erfolgt war, die erste Abschlagszahlung fällig war und mit dem Bau begonnen werden konnte.

„Nun geht es endlich los", sagte Uwe freudestrahlend zu seiner Frau, „darauf haben wir ja verdammt lange gewartet."

„Gott sei Dank, dann habe ich bald meinen Trainingsraum, den Pool, und mit dem Bogenschießen werden wir uns auch etwas einfallen lassen."

Überglücklich fielen sich beide in die Arme. Das war doch ein Grund für ein Gläschen Sekt. Sie stießen auf eine Glück bringende Zukunft an und ließen den Abend unbeschwert ausklingen.

Sobald Uwe Zeit hatte, fuhr er zur Baustelle. Der Mutterboden war schon abgetragen, der Boden verfestigt und die Fundamentgröße abgesteckt. Bei seinem nächsten Besuch war das Fundament gegossen, die Kalksandsteine sowie die Klinker angefahren. Auch der Pool war eingeschalt und gegossen. Uwe betrachtete die Grube mit Skepsis, denn er wunderte sich über die Größe. *Da stimmt doch etwas nicht,* dachte er bei sich und wollte bei der nächsten Besichtigung die Zeichnungen mitbringen. Das tat er dann auch, und richtig, das Becken war etwas länger geworden als vorgesehen. Dadurch ging vom Trainingsraum Platz verloren. Er besprach die Angelegenheit mit seiner Frau, die sich beim Architekten meldete. Dieser war verwundert, versprach aber, sich darum zu kümmern. Zwei Tage später besuchte er wieder das Ehepaar Wagner und schilderte die Situation. „Ich habe mir den Fehler angesehen, das muss nachgebessert werden. Dazu mache ich Ihnen folgende Vorschläge. Wir können die Grube, wie vorgesehen, korrigieren, aber das würde natürlich den Bezugstermin verzögern. Wir könnten aber auch zum Beispiel die Wand zum Heizungsraum verschieben, es ist kein tragendes Element. Die Heizungsanlage, wie Sie sie haben wollen, nimmt ja nur wenig Platz weg. Damit kann das Duschbad mit in diesen Bereich integriert werden. Der Trainingsraum hätte dann wieder die vorgesehene Größe. Was halten Sie davon?“ Uwe beriet sich mit seiner Frau, denn der verbleibende Platz reichte im zweiten Vorschlag völlig aus. Vielleicht war es doch nicht so schlecht, wenn der Pool etwas länger ausfiel.

„Na gut, das machen wir so. Verschieben wir die Wand.“ Damit war der erste Schreck überwunden. Karin bat aber Herrn Eilers eindringlich darum, darauf zu achten, dass solche Pannen nicht wieder vorkommen würden. Er versprach es.

Jeweils zum Wochenende fuhren Karin und Uwe gemeinsam zur Baustelle. Teilweise waren schon die Außenmauern mit den Durchbrüchen fertig, ebenso wie die Trennwände. Jetzt konnten sie die Aufteilung gut erkennen, wie groß die einzelnen Räume waren. Beim nächsten Mal waren die Deckenelemente aufgesetzt. Es dauerte nicht lange, dann wurde der Dachstuhl gezimmert. Auf ein Richtfest verzichtete man, es war in dieser Gegend nicht mehr üblich. So gingen die Arbeiten zügig weiter, auch die Rohbauabnahme erfolgte problemlos. Auf den Nachbargrundstücken waren die Handwerker ebenso fleißig, und auch hier besichtigten die Bauherren die einzelnen Bauabschnitte. Nach und nach lernten Uwe und Karin ihre Nachbarn kennen und waren erfreut, dass hier durchweg jüngere Leute einzogen. Es dauerte nicht lange, und die Fenster wurden eingesetzt sowie die Verblendung gemauert, selbst das Dach war inzwischen gedeckt worden. Nun sah das Haus von außen schon recht ansprechend aus, es war auch mit Abstand das größte Bauwerk in dieser Gegend.

Zwischenzeitlich suchten sich Wagners Fliesen für die entsprechenden Bereiche aus. Das gleiche galt natürlich auch für die Sanitärobjekte. Dafür lag im Finanzierungsplan eine Preisspanne fest, aber die Fliesen und Objekte, die es dafür gab, waren nicht gerade das, was sich Karin vorstellte. Sie suchten sich etwas schickere Muster aus und hielten es bei den Sanitärobjekten genauso. Damit gingen zwar die Herstellungskosten in die Höhe, aber dann brauchten sie nach einigen Jahren nicht wieder alles zu ändern. Von mehreren Küchenstudios holten sie sich Angebote ein und verglichen die Preise. Das war bei Weitem nicht einfach, denn die Küche war auf jeden Fall eine Sonderanfertigung. Karin musste ja mit dem Rollstuhl unter die Arbeitsplatte fahren können. In den wenigen Unterschränken waren Auszüge notwendig. Der Herd musste aufgeteilt werden, denn an der Kochstelle kam sie ja nur in der Sitzposition an die Töpfe heran. In die üblichen Hängeschränke konnte Karin gar nichts einräumen, die mussten so umgebaut werden, dass sie sich bei Bedarf absenken ließen. Welches Küchenstudio fertigte wohl so etwas an? Es dauerte schon eine ganze Zeit, bis die richtige Firma gefunden war.

Uwe überprüfte immer und immer wieder die Finanzen, um den vorgesehenen Rahmen nicht zu sprengen. Zum Beispiel war die Solaranlage auf den zur Terrasse geneigten Dachflächen inzwischen wesentlich teurer als eingeplant. Der Architekt hatte sich wohl auch bei der Fußbodenheizung verplant. Nun hieß es, gut zu rechnen. Die Terrassenüberdachung sowie die Gartenanlage wurden erst einmal ganz gestrichen.

Der Trockenputz war inzwischen angebracht, die Fußbodenheizung in allen Räumen verlegt, jetzt konnte der Estrich kommen. Das verzögerte sich jedoch um einige Tage. Uwe wurde schon etwas unruhig, denn erst wenn der Estrich eingebracht und ausreichend trocken war, konnte er seinen Urlaub nehmen und mit den Eigenarbeiten beginnen. Gott sei Dank brauchte er doch nicht so lange zu warten, der vorgesehene Einzugstermin war also noch nicht gefährdet. In den Pool kamen nun doch keine Fliesen hinein, er wurde mit einer Spezialfolie ausgelegt, die zur benötigten Form und Größe verklebt werden musste. Der Rand schloss mit einer einfachen Randfliese ab. Im Rest des Raumes wurden rutschfeste Bodenfliesen verlegt und die Wände und Decke mit einer Spezialisolierung versehen. Es durfte keine Feuchtigkeit in den übrigen Teil des Hauses eindringen. Große Fenster sorgten für die nötige Helligkeit und ein in die Decke integriertes Belüftungssystem hielt das Raumklima konstant.

Als Karin bei der nächsten Besichtigung das Badezimmer begutachtete, erschrak sie. Die Sanitärobjekte waren zwar richtig, aber die Farbe stimmte nicht. Toilette, Bidet und Waschbecken wollte sie in Weiß haben und nicht in einer Modefarbe. Das Zubehör, wie Griffe, Handtuchhalter usw., waren in Kunststoff und in Rot ausgewählt und nicht in Chrom. Uwe kam ebenfalls ins Badezimmer, weil Karin so laut schimpfte, und besah sich das Malheur. Plötzlich stutzte er: „Was haben denn die Estrichleute hier gemacht", rief er verwundert aus. „Die Dusche ist auf dieser Seite, und das Gefälle geht zu der anderen Seite. Das darf doch nicht wahr sein, vor allem dem Fliesenleger hätte das auffallen müssen!" Jetzt fiel es Karin auch erst auf, obwohl sie schon eine ganze Zeit im Bad gegrübelt hatte, was wohl noch verkehrt war.

„Der Architekt wird sich wundern, was noch an Korrekturen zu machen ist. Wenn das so weitergeht, verdient er an diesem Bau nicht viel Geld." Mit diesen Worten holte Uwe sein Büchlein aus der Tasche und notierte alle neu hinzugekommenen Mängel. Uwe rief von zu Hause aus Herrn Eilers an und gab ihm alle Mängel durch. Dieser war gar nicht erfreut über die Klagen, hatte er doch selbst schon viel Ärger mit den Handwerkern, denn bisher wollte er die Häuser preiswert errichten, aber teurer war in diesem Fall letztendlich wohl doch billiger. So reklamierte er den Estrich im Badezimmer und bestand auf sofortige Nachbesserung. Schon am nächsten Tag rückten die Handwerker an.

Mittlerweile kündigten Wagners ihre Wohnung terminlich so, dass Verzögerungen am Hausbau aufgefangen werden konnten. Ihnen fiel angenehm auf, dass ihr Vermieter etwas traurig über den Auszug war, schließlich hatte man sich gut verstanden. Endlich konnte Uwe auch seinen Arbeitsurlaub antreten. In jedem Raum verarbeitete er Raufasertapeten, die jedoch unterschiedlich gestrichen wurden. Als erstes tapezierte er das Schlafzimmer, anschließend die Kinderzimmer und den Arbeitsraum. Von einem Tischler ließen sich die Eheleute einen speziellen Schrank ins Schlafzimmer zimmern. Die Aufteilung war wohl überlegt, denn Karins Kleidung musste sich in einer für sie erreichbaren Höhe befinden. Uwe konnte ja einen langen Arm machen oder auf einen Hocker steigen. Schnell war dieser Bereich des Hauses fertig gestellt, denn auch das Badezimmer hatten die Handwerker inzwischen entsprechend nachgearbeitet. Freudestrahlend besuchte Karin ihren Mann auf der Baustelle. Er half ihr ins Haus, denn die Einfahrt war noch nicht gepflastert. Das sollte erst in den nächsten Tagen geschehen.

„Oh Mann, die Fliesen im Eingang und im Wohnzimmer sehen ja toll aus, das hätte ich nicht gedacht." Mit diesen Worten rollte sie begeistert ins Wohnzimmer und erschrak, als hinter ihr vernehmbare knackende Geräusche zu hören waren.

„Was war denn das?", rief sie mit weit aufgerissenen Augen.

Uwe schimpfte, dass die Wände fast wackelten. „In deiner Spur sind die Fliesen gebrochen. Jetzt reicht es mir aber langsam! Ich werde bei nächster Gelegenheit dem Architekten den Laufpass geben. Gleich morgen werde ich mich um einen Gutachter kümmern."

Wider Erwarten konnte kurzfristig ein Termin vereinbart werden. Mitte der Woche trafen sich der Gutachter, der Architekt und Uwe auf der Baustelle. Anhand der Zeichnungen und Baubeschreibungen wurde das gesamte Bauprojekt genauestens besichtigt. Der Gutachter schrieb gewissenhaft alle Mängel auf und versprach, nachdem er sich den Finanzierungsplan geben ließ, seinen Bericht unverzüglich vorzulegen. Mit steinerner Miene verabschiedete sich der Architekt ohne Handschlag. Uwe atmete erleichtert auf. Die jetzige Situation musste nun gut überdacht werden. Sämtliche Arbeiten wurden erst einmal gestoppt, bis eine Entscheidung fallen würde.

Eigentlich war der Schaden noch übersehbar. In der Küche war ja so weit alles in Ordnung. Die ausgesuchte Firma konnte mit den Einbauten beginnen, sobald die Spezialschränke fertig gestellt waren. Die Fliesen im Wohnzimmer mussten allerdings alle wieder entfernt werden. Hier wollte Karin doch noch eine andere Sorte haben, die widerstandsfähiger war. Die Fußbodenheizung musste in diesem Zusammenhang abgedrückt werden, um mögliche Schäden rechtzeitig zu erkennen. Die Solaranlage und die Heizung mit der Warmwasserversorgung mussten noch endgültig montiert werden. Auch das Duschbad im Heizungsraum fehlte noch.

Endlich traf der Brief vom Gutachter ein. Die Eheleute studierten den Bericht eingehend, dessen Ergebnis vorsah, dass Wagners an den Architekten noch eine bestimmte Summe zu zahlen hatten, wobei alle bisher geleisteten Zahlungen berücksichtigt wurden. Sollten die beteiligten Parteien damit nicht einverstanden sein, war nur bis zu einer festgesetzten Frist ein Einspruch möglich.

„Ich hatte mit mehr Geld gerechnet, was wir noch zahlen müssten“, sagte Karin überrascht.

„Na ja, aber der Betrag ist auch noch hoch genug für den ganzen Ärger, den wir hatten.“ Uwe war trotzdem die Erleichterung anzusehen. „Nun lass uns nach Ablauf der Frist den Rest noch fertigmachen. Sobald die Fliesen im Wohnzimmer verlegt sind, können wir schon einen Teil von unseren Sachen ins Haus bringen. Die übliche Übergabe erfolgt ja nun nicht mehr.“

Die Frist war abgelaufen, ohne dass ein Widerspruch eingelegt wurde. Es konnte also weitergearbeitet werden. Mit frischem Schwung gingen die Handwerker an die Arbeit, denn sie wussten nun ganz genau, dass auch ihre Rechnungen pünktlich beglichen wurden. Selbst Uwe arbeitete fleißig am Haus mit, denn der geplante Einzugstermin sollte unbedingt eingehalten werden.

6. Kapitel

Ehe man sich versah, war es durch die ganzen Verzögerungen Spätsommer geworden. Vor jeder Fahrt zum Neubau wurde der Volvo voll beladen. Jetzt zahlte es sich aus, dass die Wahl auf einen Kombi gefallen war. Mit der Zeit wanderten viele Kleinigkeiten von der Wohnung ins Haus. Inzwischen waren die Hausanschlüsse installiert sowie die Straßenzüge gepflastert. Jetzt konnte Uwe endlich auch den Garagenvorplatz herrichten lassen, damit Karin ohne Probleme mit ihrem Rollstuhl ins Haus kam. Als nächstes bearbeitete ihr Mann den Boden in der Garage. Der glatt gespachtelte Beton wurde anschließend mit einer säurefesten Kunststoffschicht überzogen. Dadurch leistete das Ehepaar Wagner seinen Beitrag zum Umweltschutz. Die Elektroinstallation war fertig. Sie wurde von einem Elektromeister ohne Beanstandungen abgenommen. Die Solaranlage funktionierte ebenfalls einwandfrei. Die Küchenfirma meldete sich wegen der Einbauten. Freudestrahlend sprach Karin den nächstmöglichen Termin ab, denn wenn erst die Küche komplett montiert war, mussten sie nicht wieder jeden Tag zur Wohnung zurückfahren. Uwes Urlaub lag leider schon wieder einige Zeit zurück, aber Karin hatte einige Tage vorgearbeitet, so konnte sie dabei sein, als die Monteure mit den Schränken kamen. Zuerst bauten diese die Gestelle für die absenkbaren Hängeschränke auf, dann wurde darunter eine Arbeitsfläche mit einer ausziehbaren Tischplatte in Verbindung mit dem Cerankochfeld eingepasst. Im rechten Winkel dazu ordneten sie eine weitere Arbeitsplatte mit der Spüle an, die nun durch das Küchenfenster ausreichend Licht bekam. Der Elektroherd wurde auf die Arbeitsplatte gestellt. Diesen konnte Karin ganz bequem von ihrer Sitzposition aus bedienen. Die Arbeitsplatte war so bemessen, dass die Kühlkombination den Abschluss zur Raumecke bildete. Über der Kochplatte wurde eine gehämmerte kupferne Dunstabzugshaube angebracht, die mit dem Holzdekor der Schränke der Küche eine rustikale Note verlieh. Karin war mit der zügigen Arbeit vollauf zufrieden und konnte kaum den nächsten Tag abwarten, an dem die Restarbeiten und die Installation der elektrischen Küchengeräte erledigt werden sollten. Als Uwe am Abend zum Haus hinkam, war sie gerade dabei, in ihrem neuen Wirkungsbereich einen starken Kaffee zu kochen.

Zum Wochenende sollte der Pool befüllt werden. Bevor Uwe die Folie auslegte, hatte er jede kleinste Unebenheit ausgespachtelt bzw. beseitigt. Noch reichlich faltig lag die Folie nun in dem Becken, aber nach den ersten paar tausend Litern Wasser konnte sie noch gut glatt gezogen werden. Nach weiteren Stunden hatte Karin den Eindruck, dass kaum Wasser hinzugekommen war. Doch das täuschte, denn ganz langsam, aber stetig stieg der Wasserspiegel, und Uwe ging immer wieder in das Becken, um nach Falten zu sehen und die Folie glatt zu ziehen. Am späten Abend drehten sie den Wasserhahn erst einmal wieder zu und überließen den Pool bis zum nächsten Morgen sich selbst. Über Nacht hatte sich jedoch nichts verändert, es gab keine Setzrisse oder andere Schäden, obwohl das Becken inzwischen bis zur Hälfte mit Wasser gefüllt war. Vorsichtshalber wollte Uwe noch einige Tage abwarten und dann erst den Rest auffüllen.

Karin hatte in den letzten Wochen so viele Gegenstände und Bekleidungsstücke ins Haus gebracht, dass sie im Grunde genommen nun schon dort wohnen könnten. Ihr Mann war allerdings nicht so sehr davon begeistert, denn es mussten noch viele Kleinigkeiten hergerichtet werden, bevor die Möbel in die Zimmer gestellt werden konnten.

Endlich war es aber so weit. Samstagfrüh kamen vom THW zwei junge Männer, mit denen Karin in der Ausbildung war, und fuhren mit einem Kleintransporter vor die Garage ihrer Wohnung. Von Uwes Fußballclub erschienen nur drei seiner engsten Kameraden, die übrigen boykottierten ihn, weil er sich lange nicht auf dem Spielfeld hatte sehen lassen. Trotzdem ging der Umzug zügig vonstatten, denn es waren hauptsächlich die großen Teile zu transportieren. Schnell war die Wohnung leergeräumt und die Möbel im neuen Haus verteilt. Uwe sorgte dafür, dass die Betten ordentlich aufgebaut wurden, denn die waren für Karin, neben dem Rollstuhl, die wichtigsten Möbelstücke. Besorgt schaute sie ab und zu um die Ecke, rollte aber wieder zufrieden davon, nachdem sie sich vergewissert hatte, dass alles in Ordnung war. Am späten Nachmittag lag endlich nur noch als letztes Stück, der Wohnzimmerschrank in Einzelteilen, auf seinem zukünftigen Standplatz und wartete auf die Montage. Uwe hatte in der Garage Tische und Stühle aufgestellt, um seine Helfer mit Getränken nebst Imbiss zu bewirten, während Karin ein letztes Mal die kräftige Gulaschsuppe umrührte. Geschwind wurden mit der Suppe auch die vorbereiteten Schnittchen aufgetragen und Wagners bedankten sich für die großartige Hilfe. Gegen Abend, die fleißigen Helfer verabschiedeten sich und verließen das Grundstück, holte Uwe zwei Gläser und eine gut gekühlte Flasche Sekt hervor. Er ließ den Korken knallen, füllte die Gläser voll und stieß mit seiner Karin auf den Beginn einer hoffentlich glücklichen Zeit im eigenen Haus an. Am nächsten Tag fuhren sie noch einmal zur alten Wohnung, vergewisserten sich, dass sie alles ordentlich und sauber hinterlassen hatten. Dann meldeten sie sich noch beim Vermieter.

„Das war ja ein Umzug auf Raten“, sagte dieser. Seine Frau, die hinter ihm stand, pflichtete ihm bei.

„So war das aber ganz gut“, antwortete Karin, „denn auf diese Art brauchten wir nicht alles auf einmal zu transportieren.“

Uwe übergab dem Vermieter die Schlüssel und versicherte, dass keine Schäden in der Wohnung zu sehen seien und dass sie alles sauber verlassen hätten. Eine ganze Weile unterhielten sie sich in lockerer Atmosphäre. Immer wieder drückte der Vermieter sein Bedauern aus, dass Wagners so schnell wieder ausgezogen waren. Karin erklärte darauf immer wieder, dass für sie persönlich nur Vorteile mit dem Haus verbunden waren.

„Wir haben ausreichenden Platz für Trainingsgeräte, die Fahrerei zum Studio fällt weg, und eine Schießbahn legen wir auch noch an. Ich kann es kaum noch erwarten, bis alles fertig ist.“ Bei diesen Worten glänzten ihre Augen. Schließlich verabschiedeten sie sich und begaben sich zu ihrem neuen Heim. Im Oktober 1991 war es endlich fertiggestellt.

Die folgende Zeit war nicht einfach, denn außer nach Feierabend und an den Wochenenden war keine Gelegenheit, am und im Hause zu arbeiten. Das Schlafzimmer war komplett eingerichtet, ebenso das Wohnzimmer und die Küche, auch im Bad war eigentlich alles in Ordnung. In den beiden Kinderzimmern stapelten sich allerdings noch etliche Kartons, doch wenn Besuch kam, wurden die Türen einfach zugemacht. Uwe konzentrierte sich jetzt hauptsächlich auf den Pool. Er füllte das restliche Wasser ins Schwimmbecken und achtete dabei auf mögliche Falten in der Folie. Sie lag aber überall glatt an und konnte nun in den Überlaufkanal gezogen und befestigt werden. Anschließend wurde über die ganze Wasserfläche eine starke Folie gezogen. Damit sollte die Wassertemperatur möglichst konstant gehalten werden. Sie konnte an einer Stirnseite aufgerollt werden und gab dann das Wasser für ein Bad frei. Jetzt brauchte man nur noch zu warten, bis die Temperaturanzeige den richtigen Wert hatte. Karin kam herein und besah sich ihr „Trainingscenter“ mit leicht krauser Stirn. „Wie soll ich denn ins Wasser kommen oder anschließend auch wieder heraus?“

„Am besten mit einem Kran, mein Schatz“, frotzelte Uwe, doch so abwegig war das gar nicht. Es gab nämlich eine Vorrichtung mit einer Sitzplatte, auf die Karin vom Rollstuhl aus übersetzen und sich anschließend ins Wasser absenken konnte. Vor einigen Tagen hatte Uwe diese Art von Lift schon bestellt, aber so schnell konnte er nicht geliefert werden. Außerdem musste der Rand des Pools zum übrigen Raum hin mit einer Absperrung geschützt werden, damit niemand versehentlich ins Wasser fiel. Auch diese war schon vor Tagen bestellt worden.

Karin begab sich wieder ins Wohnzimmer, denn auf dem Tisch lag ein dicker Katalog, in dem sie sich das geeignete Trainingsgerät aussuchen wollte. Ein universelles für alle Übungen gab es leider nicht, aber man konnte sich aus dem Angebot etwas aussuchen und zusammenstellen. Sie benötigte hauptsächlich Geräte, um den Oberkörper zu kräftigen.

In der Rehaklinik war es recht einfach gewesen, weil für jede Körperpartie ein separates Gerät zur Verfügung stand, an dem Karin während ihres Aufenthaltes fleißig trainiert hatte. Da gab es die Hantelbank, auf der Gewichte gestemmt werden mussten, die speziell die Armmuskulatur stärkte. Bei der Butterflystation saß sie mit dem Rücken zum Gerät. An beiden Seiten hingen Stangen, die sie greifen und zusammen nach vorne bewegen musste. Mit verschiedenen Gewichten konnte Karin die jeweilige Belastung einstellen. Diese Bewegungen ähnelten dem Flügelschlag eines Schmetterlings und sollten die Brust- und Schultermuskulatur trainieren. Für die Stärkung der Muskeln im Rücken und der Arme eignete sich die Latissimusstation. Hierbei saß Karin mit dem Gesicht zum Gerät. Über ihr war ein Bügel, den sie dann mit beiden Händen nach unten zog. Die Zugkraft ließ sich durch Gegengewichte entsprechend verändern. Die Dipstation bestand aus einer Sitzfläche, an der seitlich zwei Griffe angeordnet waren. Diese mussten hinuntergedrückt werden, wobei auch wieder Gewichte dem Kraftaufwand entgegenwirkten. Dabei wurden die vorderen Schultern und die Arme beansprucht.

Wenn Karin ihr Training endlich wiederaufnehmen könnte, nichts anderes war ihr sehnlichster Wunsch, dann würde sich mit der Zeit ihr Oberkörper kräftig entwickeln und die einstmals zierliche Frau wäre sie dann nicht mehr. Drauf kam es aber nicht an, denn es ging ihr nicht ums Aussehen, sondern um die nötige Kraft und Kondition, die sie vor allen Dingen zum Bogenschießen benötigte.

Uwe kam mit einem kühlen Drink ins Wohnzimmer und sah Karin über die Schulter. Gemeinsam betrachteten sie sich die Geräte und diskutierten über die Möglichkeiten, das eine oder andere miteinander zu kombinieren. Schließlich bestellten sie mehrere Geräteeinheiten und hofften, dass auch alles passen würde.

Die schon merklich kürzer werdenden Tage wurden manchmal empfindlich kühler, ein untrügliches Zeichen dafür, dass der Winter nicht mehr lange auf sich warten ließ. Für Außenarbeiten war das teilweise heftige Regenwetter nicht geeignet, aber es gab ja im Haus immer noch viel zu tun. In der Garage stapelten sich die Kartons mit den bestellten und inzwischen gelieferten Geräten. Damit waren Uwes Wochenenden schon verplant. Er hatte bereits die Absperrung um den Pool aufgebaut und wollte gerade den Lift montieren. Dabei klemmte er sich die Finger der rechten Hand so sehr, dass ihm die Tränen kamen, doch tapfer biss er die Zähne vor Schmerzen zusammen. Kreidebleich saß er in der Ecke, als Karin ihn dort fand.

„Kann ich dir irgendetwas helfen?"

„Ja", brachte er kaum hörbar hervor und fügte frustriert hinzu: „Du kannst deinen Lift selber zusammenbauen, er ist ja schließlich für dich."

Jetzt erst wurde ihr bewusst, wie sehr ihr Mann litt, und mitfühlend tröstete sie ihn. Nach einer Weile ging es Uwe einigermaßen wieder besser, und beide montierten die Einzelteile jetzt gemeinsam zusammen. Uwe schaffte es nur mit Mühe, die Löcher für die Schwerlastdübel zu bohren und die Haltestange fest zu verschrauben. Gemeinsam konnten sie nun den Sitz einhängen und die Funktion überprüfen. Auf Anhieb war alles in Ordnung. Die Wassertemperatur lag inzwischen bei 24 °C, und ehe Uwe sich versah, hatte Karin sich ausgezogen und saß, ohne sich die Mühe zu machen, einen Badeanzug zu holen, nackt auf dem Lift. Sie lachte und rief: „Abwärts bitte."

In Windeseile rollte Uwe die Wasserabdeckung auf, betätigte die Fernbedienung und langsam senkte sich der Sitz ins Wasser. 130 cm Tiefe waren genug für Karin. Sie ließ sich vom Sitz hinuntergleiten und hielt sich am Beckenrand fest. Der Versuch, sich hinzustellen, misslang, weil sie nicht wusste, wie ihre Beine platziert waren, doch sie versuchte es immer wieder. Uwe zögerte auch nicht lange, zog sich ebenfalls die Kleidung aus, und sprang nackt ins Wasser. Die dabei auftretenden Wellen raubten Karin fast den Atem. Nach wenigen Schwimmzügen erreichte er bereits den jeweils gegenüberliegenden Beckenrand. Irgendwann wollte er noch gern eine Gegenstromanlage kaufen, dann könnte er auf einer Position ausgiebig schwimmen, aber das war im Augenblick nicht so wichtig. Wie ausgelassene Kinder alberten beide im Wasser, bis Karin wieder hinauswollte.

„An alles haben wir gedacht, nur nicht an Handtücher", stellte Karin fest, aber Uwe war schon aus dem Wasser gestiegen, streifte sich die meiste Nässe ab und ging, so wie er war, ins Schlafzimmer und holte Handtücher.

Diese Premiere war gelungen. Jetzt waren die Trimmgeräte an der Reihe. Die rechte Hand konnte Uwe noch nicht so richtig einsetzen, weil sie noch schmerzte, aber Karin half ihm, wo sie nur konnte. Die Geräte waren alle von einem Hersteller, deshalb war eine Kombination ohne Probleme möglich. Schließlich standen nur zwei Einheiten für alle Trainingsmöglichkeiten, die sie von der Rehaklinik her kannte, im Trainingsraum. Nacheinander probierte Karin die Übungen durch. Dabei justierte Uwe das eine oder andere Drahtseil, legte hier noch ein Gewicht hinein, nahm dort eines weg, bis die Geräte für den Einsatz bereitstanden. Es war noch so viel Platz im Raum, dass sich Karin ganz bequem und ohne Einschränkungen mit ihrem Rollstuhl bewegen konnte. Die überzähligen Teile verpackte Uwe in einen Karton und stellte diesen in die Garage. Hier mussten unbedingt noch Regale errichtet werden, denn zurzeit passte nur ein Auto hinein.

Zwischendurch hatte Uwe auch den Arbeitsraum hergerichtet, Regale aufgestellt und den Computer angeschlossen. Karin bekam für sich ausreichend Platz, um ihre Unterlagen vom THW übersichtlich zu ordnen, denn sie wurde bei der letzten Jahreshauptversammlung zur Schriftführerin gewählt. Es war einiges an Arbeit zu erledigen, was sie aber mit ihrem Haushalt und ihrem Beruf gut vereinbaren konnte. Außerdem sparte sie Zeit, weil sie nicht mehr in die Stadt zum Training zu fahren brauchte. Nun sprach Karin mit ihrem Mann einen Termin ab, an dem die geplante Einweihungsfeier stattfinden sollte. Dann setzte sie sich gleich an den Computer und entwarf die Einladungen. Dabei achtete sie darauf, den Kartenentwurf nicht mit Motiven zu überladen, denn weniger war in diesem Falle mehr. Uwe konnte sich nur lobend äußern und machte seiner Frau den Vorschlag, doch auch für andere Personen Briefköpfe, Visitenkarten usw. zu kreieren. Das wollte sich Karin noch überlegen.

Der große Tag der Einweihung war gekommen. Die Garage und das Wohnzimmer waren hergerichtet, denn das Wetter erwies sich als so unbeständig, dass eine Feier im Freien nicht möglich gewesen wäre. Die Familie, alte Freunde, Bekannte, THW, Fußballverein, Nachbarn, eine bunte Mischung an Gästen fanden sich ein. Karin hatte beim Partyservice das Essen bestellt, so konnte sie sich ausreichend um die Gäste kümmern. Einige Frauen aus der Nachbarschaft übernahmen gerne die Aufgabe, das Büfett in der Küche aufzubauen. Sie staunten nicht schlecht, dass sie sich nicht nach den Tellern recken mussten, sondern dass die Teller auf Knopfdruck zu ihnen kamen. Alle waren überrascht, was das Ehepaar Wagner da geschaffen hatte, und hielten sich beim Essen und Trinken auch nicht zurück.

„Na ja, bei dem Schmerzensgeld kein Wunder", sagte jemand.

Unglücklicherweise bekam das Karin mit und konterte etwas verärgert: „Ich würde liebend gerne auf all das hier verzichten, wenn ich nur wieder laufen könnte." Daraufhin entschuldigte sich dieser jemand für seine unüberlegte Äußerung und tauchte in der Gästeschar unter. Immer wieder führten Uwe oder Karin Gäste durchs Haus, auf die Terrasse und in den Trainingsraum. Hier wurde erst einmal alles ausprobiert. Manchmal war Karins Angst nicht ganz unbegründet, dass einer im Wasser landete, denn einige Gäste sprachen den alkoholischen Getränken recht kräftig zu. Am späten Abend verabschiedete man sich allgemein und wünschte nochmals alles Gute. Einige Kumpels vom Fußballverein standen mit Uwe auf der Terrasse, ließen wieder einmal eine Schnapsflasche kreisen und redeten auf den Gastgeber ein, doch endlich auf dem Fußballplatz zu erscheinen. Uwe sagte zwar nicht direkt zu, aber auch nicht ab. Daraufhin ließen sie ihn hochleben und schubsten ihn in ihrem Übermut in den Pool. Prustend tauchte er wieder auf und machte sogar Scherze über die nasse Bekleidung. Innerlich ärgerte ihn das aber und er dachte: *Das war jetzt vollkommen überflüssig.* In diesem Augenblick erschien Karin, erfasste blitzartig die Situation und beendete die Feier mit höflichen Bemerkungen, aber ernsthaftem Tonfall. Etwas betreten stellten die Fußballer ihre fast leeren Bierflaschen ab und verabschiedeten sich. Uwe kletterte aus dem Wasser, zog seine nassen Sachen aus, trocknete sich ab und streifte seinen Jogginganzug über. Dann half er Karin, den Rest aufzuräumen, und müde und geschafft fielen sie endlich ins Bett.

In aller Ruhe konnte Karin jetzt täglich ihr Trainingsprogramm absolvieren. Es lief genauso ab wie in der Stadt, nur dass ihr die Zeit für die Fahrerei erspart blieb. Anschließend stieg sie in den Pool und genoss das Bad aus vollen Zügen. Ihre Muskulatur und ihr ganzer Oberkörper hatten sich mit der Zeit so verändert, dass ihr Korsett von einst schon lange als Erinnerungsstück im Regal stand.

Jetzt, nach dem Umzug ins eigene Haus, und nach der ganzen Hektik, dachte sie wieder ans Bogenschießen. Aus dem Vereinsregister suchte sich Karin Adressen von Vereinen heraus, die möglichst in ihrer Nähe waren. Sie wählte eine Behindertensportgemeinschaft (BSG) aus und nahm Kontakt mit dem Vorstand auf, von dem sie zum nächsten Training, an einem Samstag, herzlich eingeladen wurde. Karin machte sich gleich nach dem Mittagessen auf den Weg, denn ein paar Kilometer musste sie doch fahren. Im Vereinshaus hatten sich 20 Frauen und Männer versammelt, die Karin herzlich begrüßten. Sie passte in diese Runde, denn außer ihr saßen noch mehr im Rollstuhl. Endlich kam auch der Mann mit dem Schlüssel. Die Scheiben sowie einige Bögen waren in einem separaten Raum unter Verschluss. Nun wurden die einzelnen Stationen eingerichtet. Karin hatte den Eindruck, hier rannte und rollte alles planlos durcheinander, aber das täuschte nur. Karl, der vereinseigene Trainer, hatte die Aufsicht und gab schließlich das Schießen frei. Der Vorsitzende begrüßte Karin. Er zeigte und erklärte ihr alles, was sie wissen wollte. „Wenn Sie möchten, können Sie auch einmal schießen. Wir haben die nötige Ausrüstung im Geräteraum. Viele Mitglieder kaufen sich mal etwas Neues, und die alten Sachen stellen sie dem Verein zur Verfügung."

Sie nahm das Angebot begeistert an und begab sich auf einen freien Platz. Sie legte den Arm und Brustschutz an, der Gerätewart montierte ihr den Bogen und erklärte ihr dessen Handhabung. Sie staunte über die vorhandene Ausrüstung, denn was sie in der Klinik kennengelernt hatte, war hiergegen Nostalgie. Karin gab sich zurückhaltend, denn sie wollte nicht gleich am ersten Tag auffallen. So schoss sie manchmal daneben und amüsierte sich im Stillen über die Bemerkung: „Das wird schon noch, Frau Wagner."

Karin war angenehm überrascht, die Leute waren alle nett und der lockere Umgang miteinander sagte ihr zu. Sie selbst hinterließ wohl auch einen guten Eindruck, denn sie wurde gleich wieder für das nächste Training herzlich eingeladen. Der Vorsitzende drückte ihr ein kleines Infoheftchen in die Hand, damit sie sich über die BSG und ihre Ziele informieren und ein Bild machen konnte. Nachdem man noch zusammengesessen hatte, um die Ergebnisse zu besprechen, fuhr Karin beschwingt gegen Abend nach Hause und berichtete ihrem Mann. Der platzte schon vor Neugierde. Auch er war begeistert und wollte irgendwann mal mitfahren. Karin war froh, dass die nächste Woche schnell verging und sie mit ihrem Mann zum Training fahren konnte. Er versprach ihr, im Frühjahr, wenn das Wetter es zuließ, eine Schießbahn einzurichten. Zuvor musste er sich aber über die Auflagen informieren.

Am Samstag, zum nächsten Training, waren nicht so viele Mitglieder anwesend, denn es regnete schon seit Tagen. So richtig motiviert war auch kein Bogenschütze, deshalb fielen die Ergebnisse auch nicht so besonders gut aus. Karin wollte sich nun endlich eine eigene Ausrüstung zulegen und ließ sich vom Trainer beraten. Auf jeden Fall musste sie in ein Sportgeschäft gehen, einen Bogen in die Hand nehmen und beurteilen, ob er für sie geeignet war. Schließlich gab es diverse Unterschiede. Der Gerätewart gab ihr eine Adresse von einem Laden, in dem es auch einen kleinen Rabatt gab.

Am Wochenende unterhielten sich Uwe und seine Frau über die Möglichkeit, erst einmal im Haus eine Bahn einzurichten. Dann war es kein Problem, auch im Winter zu trainieren. Es bot sich fast an, von der Garage aus, durch die Tür zum Fitnessraum bis zur gegenüberliegenden Wand, die Bahn zu gestalten. Die Türen im ganzen Haus waren sowieso extra breit, deshalb war diese Lösung eigentlich auch die beste. Die Trainingsbänke konnten umgestellt werden, dann war Platz genug. Gesagt, getan, in den nächsten Tagen wurde gerückt, geschoben und geräumt.

Karin suchte das angegebene Sportgeschäft auf und traf auf einen sehr netten und kompetenten Verkäufer. Er fragte nach ihren Vorstellungen und nahm einen Bogen vom Haken. Karin nahm ihn in die Hand und spannte die Sehne. „Der ist ein wenig zu lang. Ich stoße ja schon mit dem Oberschenkel an die Sehne."

„Probieren Sie doch mal den hier", sagte der Verkäufer und reichte Karin ein anderes Modell. So ging das noch eine ganze Weile, bis sie einen Bogen fand, der ihr zusagte. Der Verkäufer holte einen Koffer aus dem Lager und zeigte Karin nun, wie der Bogen zerlegt und in die Aussparungen verstaut wurde. Dazu kamen noch ein Dutzend Pfeile sowie ein Arm und Brustschutz. Nachdem sie mit der Kreditkarte bezahlt hatte, machte sie sich voller Freude auf den Heimweg.

Zu Hause angekommen konnte sie es kaum erwarten, ihre neuste Errungenschaft zu testen. Uwe montierte eine provisorische Scheibe an die Wand; jetzt konnte die erste Übung im eigenen Heim beginnen. Sie brachte den Rolli in Position, hob den Bogen, legte den Pfeil an, spannte die Sehne, konzentrierte sich auf das Ziel und – Schuss. Es kam ihr vor, als würde der Pfeil wie in Zeitlupe durch die Garage, die Tür und durch den Fitnessraum ins Ziel fliegen. Ihr erster Pfeil im eigenen Haus traf zwar nicht die Mitte, er war aber auch nicht so weit davon entfernt. Dann ging sie wieder auf Position. Pfeil für Pfeil folgte. Plötzlich erschrak Karin, denn ausgerechnet der letzte Pfeil steckte in einer Tür! Uwe hatte wohl ein Fenster geöffnet, um zu lüften. Durch unerwartete Zugluft bewegte sich eine Tür genau in die Flugbahn des Pfeils. Auch das noch!

Ihr Muskelkater zog sich bis zum nächsten Wochenende hin, weil das sicherlich beim ersten Mal etwas zu viel gewesen war. Ab jetzt teilte sie sich ihren Tagesablauf etwas anders ein. Am Montag war sie während der Arbeitszeit nicht so recht bei der Sache. Natürlich stellten die Kollegen Fragen. Sie erzählte von ihrem Bogenschießen und erntete große Zustimmung. Manche Äußerung, wie etwa: „Sie als Behinderte können das?", überhörte sie geflissentlich, denn das war dummes Geschwätz.

Die Arbeit, der Haushalt, das Fitnesstraining und das Bogenschießen mussten im Einklang miteinander sein. Uwe werkelte in seiner Freizeit im Haus, ging regelmäßig schwimmen und baute zwischenzeitlich die Gegenstromanlage ein. Ansonsten saß er am Computer. Der so gestaltete Tagesablauf der Familie Wagner wurde zur gewohnten Routine.

Im Frühjahr wurde es Zeit, den Garten anzulegen. Karin entwickelte einen Plan, wie sie sich die Anlage vorstellte. Danach pflanzte Uwe Bäume und pflasterte Wege. Schließlich gestaltete er die Schießbahn. Eine Genehmigung wurde nicht benötigt, denn im eigenen Garten konnte man eigentlich machen, was man wollte. Rücksicht auf die Nachbarschaft war jedoch geboten. In diesem Fall musste nur sichergestellt sein, dass kein Pfeil in den nachbarlichen Erdbeeren landete oder schlimmeres geschah. Mit einer Länge von 35 Metern und einer Breite von 1,5 Metern war die Bahn groß genug. Die Scheibe stand auf einem Holzgestell, genau, wie es beim Turnier auch der Fall war. Hinter der Scheibe stellte Uwe eine dicke Holzwand an der Grundstücksgrenze auf und baute von da bis zur Bahnmitte eine Pergola zusammen, damit ein eventuell verirrter Pfeil keinen Schaden anrichten konnte. Selbstverständlich sicherte er auch beide Seiten. Von der Scheibe ausgehend, wurden für 10, 18 und 30 Meter Distanz-Markierungen angebracht. Uwe wollte seiner Frau noch einen Unterstand bauen, aber das durfte er nicht, weil sie es nicht wollte.

„Im Turnier gibt es kein Dach über dem Kopf, ob Regen oder Sonnenschein. Unter diesen Bedingungen muss ich zu Hause auch trainieren."

Im Laufe des Sommers baute Uwe auch die Terrassenüberdachung an. Damit waren die allerwichtigsten Arbeiten am und im Hause erledigt.

Nun begannen die beiden Eheleute wieder damit, ihre Freundschaften zu pflegen, denn durch Karins Unfall und den Hausbau wurde dieser Bereich doch arg vernachlässigt. Es hatte sich aber auch während dieser Zeit gezeigt, wer die wirklichen Freunde waren. So wurde dann auch zu einer Garteneinweihung eingeladen. Außer der Familie kamen noch Karins Freundinnen

Anke und Elke mit Anhang sowie einige Bogenschützen. Mit diesen pflegte Karin schon intensiveren Kontakt, denn sie war seit Anfang des Jahres in diesem Verein Mitglied. Beim THW wollte sie ihr Amt bei der nächsten Jahreshauptversammlung abgeben und zum Jahresende aus dem Verein austreten. Ihr ganzes Interesse galt jetzt dem Bogenschießen. Uwe hatte bereits zum letzten Jahreswechsel dem Fußballclub den Rücken gekehrt. Er hatte sich einfach nicht mehr anmeckern lassen wollen, weshalb er nicht mehr zum Spielen kam. Uwe verteilte die Getränke und heizte den Grill an, während Karin mit ihren beiden Freundinnen in der Küche saß und von ihren sportlichen Aktivitäten erzählte.

Elke war Karins beste Freundin, aber die beiden Frauen hatten sich vor vielen Jahren aus den Augen verloren, als Elke mit ihrem Mann ein altes Bauernhaus gekauft hatte. Die Renovierung hatte viel Zeit und Geld verschlungen, obwohl die beiden sehr viel Eigenleistung erbracht hatten. Dann kam das erste Kind und Elke gab ihren Beruf als Arzthelferin auf. Im Laufe der Jahre folgten noch zwei Kinder, so nahm die Arbeit kein Ende, denn das Haus und der riesige Garten wollten gepflegt und die Kinder ordentlich erzogen werden. Elkes Mann war beruflich viel unterwegs, deshalb wollten sie auch nicht das Haus aufgeben. Die drei Frauen schütteten sich gegenseitig ihre Herzen aus, während die Kinder im Garten herumtobten und ihre Männer sich über die jüngsten Sportergebnisse ereiferten. Beim gemeinsamen Essen fanden sich die Grüppchen wieder zusammen. Man saß am langen Tisch auf der Terrasse und genoss den angenehmen Sommertag. Im Laufe des Abends sorgte Karin mit ihren dekorativen Kerzen für eine anheimelnde Atmosphäre, und erst lange nach Mitternacht, die Kinder waren schon längst in ihren Betten, löste sich die Party auf. Damit ging wieder ein unvergesslicher Tag zu Ende.

Bei den Bogenschützen hatte sich Karin einen guten Platz erschossen. Durch ihre hervorragenden Ergebnisse wurde sie zu ihrem ersten Turnier eingeladen. Da solche Veranstaltungen meistens am Wochenende stattfanden, konnte Uwe sie begleiten, denn sie brauchte Hilfe. Mit dem Rolli konnte sie z. B. nicht allein über den Rasen fahren oder nur sehr mühsam.

Karin war ganz aufgeregt als Uwe sie zum Turnier fuhr, denn es ging dieses Mal um die Landesmeisterschaft. Am Himmel hatten sich Wolken vor die Sonne geschoben an diesem Wochenende im Mai. Das Thermometer zeigte eine angenehme Temperatur, also gute Bedingungen für den Wettkampf. Der Rasen auf dem Turnierplatz war kurzgeschnitten und die ganze Anlage machte einen sehr gepflegten Eindruck. Der Turnierleiter hatte Karin in die Mitte der aufgereihten Schützen platziert und gab den Wettkampf frei. *Du musst ganz ruhig und konzentriert sein, dann hast du vielleicht eine Chance gegenüber den anderen Schützen.* Mit diesem Gedanken legte Karin den Pfeil ein, hob den Bogen, spannte die Sehne und zielte, wie sie es schon tausendfach gemacht hatte. Schuss! Ihre Nachbarn hatten schon längst wieder ihre Bögen abgelegt, aber das interessierte sie nicht. Sie tat es nun auch und betrachtete durch ihr Fernglas das Ergebnis. Eine 10 war es nicht gerade aber nahe dran. Ein Helfer brachte ihr den Pfeil zurück und weiter ging es. Pfeil um Pfeil wurde geschossen, die Punkte addiert und am Ende? Karin konnte es nicht fassen. Sie hatte das Turnier gewonnen! Ihr erster Wettkampf und gleich ein Volltreffer. Wenn das keine Motivation ist! Uwe hatte auf die Schnelle einen großen Blumenstrauß besorgen lassen und war der erste Gratulant. Nach der Siegerehrung musste sie viele Hände schütteln, denn alle beglückwünschten sie zu ihrem Erfolg. Fotografen drängten sich um die neue Landesmeisterin, die sich am liebsten hinter den Blumen verstecken wollte, damit niemand ihre Freudentränen sehen konnte.

Mit der Zeit lagen ihre Gesamtergebnisse meistens unter den ersten dreien, doch sehr oft gewann sie die Turniere in ihrer Klasse. Zum Unterbringen für die vielen, sich mittlerweile vermehrenden großen und kleinen Pokale musste Uwe schon ein stabiles Regal bauen. Karins Leistungen fielen vor allem dem Trainer Karl auf und dieser überlegte, wie er ihr Talent so fördern konnte, dass sie an größeren, wichtigeren Turnieren teilnehmen könnte. Im nächsten Sommer würden die Kreismeisterschaften stattfinden. Mit den Vorbereitungen musste rechtzeitig begonnen werden. Karl sprach seinen Gedanken mit Karin durch. Sie war hocherfreut, weil doch auch auf diese Art ihre Leistung gewürdigt wurde. So stellten sie beide ein Programm auf, bei dem auch die häuslichen Trainingsmöglichkeiten berücksichtigt wurden. Uwe unterstützte seine Frau, wo es nur ging, für ihn war es äußerst wichtig, dass sie glücklich war. Und das schien sie jetzt zu sein.

Karin steigerte langsam ihr Trainingspensum, denn für einen Bogenschützen sind Kondition, Kraft, Selbstdisziplin, eine absolute Konzentration, gute Augen und die sichere Hand die Grundvoraussetzungen. In den folgenden Wochen und Monaten trainierte sie ausgiebig an ihren Geräten, im Pool und natürlich mit dem Bogen. Wöchentlich fuhr sie zur BSG-Anlage und absolvierte auch dort ihre Trainingseinheiten. Während dieser Zeit nahm Karin an etlichen Turnieren teil, errang immer Spitzenplätze und bekam viele Pokale für ihre Sammlung. Dabei wurde ihr mit der Zeit ein hierzulande riesiges Problem bewusst.

Die Lobby des Bogenschießens ist nach wie vor verschwindend gering, leider hat aber der Behindertensport gar keine. Die Sportler müssen für ihre Kleidung und Ausrüstung selbst aufkommen. Wenn es tatsächlich einmal Fahrgeld gibt, dann nur zu ganz wichtigen Wettbewerben, bei denen der Verband „glänzen kann". Selbst für Trainingsanlagen ist fast kein Geld vorhanden, sodass im Endeffekt alles in Eigenarbeit geleistet werden muss. Das führt dazu, dass so manches Turnier zur Qualifikation für internationale Wettbewerbe, auch von durchaus geeigneten Bogenschützen, wegen zu hoher Kosten nicht angefahren werden kann. Umso höher ist jeder Sieg deutscher Teilnehmer im internationalen Vergleich anzusehen, da alle Erfolge auf dem übermäßig hohen Engagement und der finanziellen Beteiligung jedes Einzelnen beruhen. Wer unter diesen negativen Voraussetzungen als Behinderter seinen Sport betreibt, muss dazu bereit sein, eine gehörige Portion Idealismus mitzubringen und einzusetzen und er verdient größte Anerkennung der Mitmenschen.

Diese Problematik hielt Karin aber auch nicht von dem Versuch ab, ihr Ziel zu erreichen. Gut vorbereitet sah sie dem Tag des entscheidenden Turniers zur Kreismeisterschaft entgegen. Dann war es endlich so weit. Franz, ein Mitglied der Sportgemeinschaft, ging ihr zur Hand, denn ohne Hilfe kam sie ja nicht aus. Müsste sie nach jedem Durchgang mit dem Rolli über die Wiese fahren und die Pfeile aus der Scheibe ziehen, dann hätte sie keine Kraft mehr, den Wettbewerb durchzustehen. Auf vier Entfernungen und zwar 70, 60, 50 und 30, Meter, mussten jeweils 36 Pfeile geschossen werden. Das Turnier wurde freigegeben. Fast gleichzeitig hoben sich die Bögen, die Sehnen wurden gespannt, wobei ein Gewicht von rund 15 kg überwunden werden musste. In schneller Folge flogen die Pfeile in ihr Ziel. Karin nahm das Fernglas vor die Augen und sah, dass es kein schlechter Schuss war, aber auch noch nicht perfekt. Wieder war der Bogen in Position, ein sicheres Auge, eine ruhige Hand, 15 kg, höchste Konzentration – und Schuss. Ein guter Treffer, jetzt nur keine Nervosität. 144-mal die gleiche Prozedur und am Ende? Von 1440 Punkten erreichte sie 1005 und gewann damit die Kreismeisterschaft! Mit Freudentränen in den Augen nahm sie den Pokal entgegen und begriff erst jetzt, was sie erreicht hatte. Welch ein großer Erfolg nach den vielen vergangenen harten Monaten!

In regionalen Zeitungen wurde von Karins Erfolg berichtet, auch die Familie gratulierte von ganzem Herzen. Besonders stolz war Uwe auf seine Frau, mit der er ja die ganze Vorbereitung erlebt hatte. Karin wurde auch von den Mitgliedern der Sportgemeinschaft mit großem Lob empfangen und Karl nahm sie an die Seite. „Du hast das Zeug für mehr. Willst du nicht für die deutsche Meisterschaft trainieren?“

„Ich weiß nicht so recht“, entgegnete Karin. „Mit dem Haus sind wir ja so weit fertig, beruflich geht auch alles ganz gut, nur möchte ich eigentlich auch mal Urlaub machen, denn die letzte Reise war nach unserer Hochzeit.“

„Das kann ich verstehen, aber du siehst doch selbst, du bist gut und kannst noch besser werden.“ Karl wollte sie auf keinen Fall bedrängen, aber sie wurde das Gefühl nicht los, dass er es doch tun würde.

Zu Hause diskutierte sie mit Uwe darüber.

„Dann musst du noch mehr trainieren, als du es bisher schon getan hast. Du solltest aber auch mal an dich denken. Es gibt noch mehr außer Arbeit, Haushalt, Trimm Dich und Schießen!“

„Ja, ich weiß", sagte Karin leise vor sich hin. „Aber es macht mir Spaß und belastet mich nicht. Soll ich denn den ganzen Nachmittag herumsitzen und auf dich warten? Das kann es doch auch nicht sein."

„Nein, das brauchst du nicht. Aber wem willst du denn beweisen, dass du mehr kannst als die, die laufen können? Dir selbst oder mir oder anderen?"

„Ich will keinem etwas beweisen, es macht mir einfach Spaß." Ihre Stimme klang etwas gereizt. „Ich akzeptiere meine Behinderung und ich muss schließlich mit ihr klarkommen, ein Leben lang. Nach dem Unfall und der Operation war es sehr schwer für mich, das weißt du. Was war ich da, keine vollwertige Frau, ein halber Mensch, der noch nicht einmal laufen konnte."

„Rede keinen Unsinn, mein Schatz, du weißt, ich liebe dich und unterstütze dich, wo ich nur kann!"

„Ja, und heute, wo stehe ich da? Die Leute akzeptieren mich, erkennen mich an, ich kann mich als vollwertige Person fühlen. Ich fürchte, wenn ich nicht weitermache und an mir arbeite, werde ich wieder dort sein, wo ich nach dem Unfall war."

Uwe nahm seine Frau in den Arm. „Wenn du weitermachen möchtest, dann werde ich dir auf keinen Fall im Weg stehen. Nur eines musst du mir versprechen, wenn dir das zu viel wird, dann trete kürzer."

„Ja, das verspreche ich dir, ich passe auf mich auf." Die letzten Worte gingen fast in einem langen Kuss unter.

Einige Tage nach diesem Gespräch kam Uwe mit einem besonders fröhlichen Gesichtsausdruck von der Arbeit nach Hause.

„Na, du freust dich so, hast du mehr Geld bekommen?", begrüßte Karin ihn.

„Nein", antwortete Uwe, „ein Kollege hat mir heute erzählt, dass ein befreundetes Ehepaar in der Heide auf einem Bauernhof Urlaub gemacht hatte."

„Schön für die beiden, was ist da so besonderes dran?", fiel ihm Karin ins Wort.

„Nun lass mich doch mal ausreden. Der Mann sitzt im Rollstuhl, und der Bauernhof ist für Behinderte bestens geeignet, weil alles zu ebener Erde liegt. Jetzt in der Nachsaison sind noch Zimmer frei und wir haben doch schon lange keinen Urlaub gemacht."

„Das hört sich natürlich gut an." Nun war Karin interessiert.

„Ich habe die Adresse und Telefonnummer, ich kann gleich anrufen und nachfragen, was hältst du davon?"

„Ja, mach das", kam spontan ihre Antwort.

Es gab noch freie Zimmer, der Andrang war nicht so groß, eine Reservierung musste auch nicht sein. Im jeweiligen Kollegenkreis gab es auch keine Konflikte mit der Urlaubsplanung. Man einigte sich auf einen Termin. Dann meldete Uwe sich bei der Vermieterin und kurze Zeit später hieß es schon: „Was brauchen wir denn alles?" Die Koffer wollten gepackt werden. Uwe hatte vor längerer Zeit seinen Ford gegen einen günstigen VW-Bus in Zahlung geben können. Karin brauchte aber etwas mehr Zeit, um in dieses Auto zu kommen. Der Gedanke an einen Urlaub und einmal ausspannen gefiel ihr sehr. So wurde der Bulli eigentlich nur für die Hin- und Rückfahrt genommen. Das war auch ganz gut so, denn die Koffer und der Rollstuhl beanspruchten ihren Platz. Die Fahrt dauerte nur drei Stunden und gegen Mittag trafen sie auf dem Bauernhof ein.

Die ehemalige Scheune war als Wohngebäude ausgebaut. Für Behinderte gab es statt Zimmer sogar kleine Wohnungen. Das Wohnzimmer war recht groß, mit einer abgeteilten kleinen Küche und Essecke. Das Bad war ebenfalls großzügig angelegt und im Schlafzimmer stieß Karin auch nicht gleich an jeder Ecke an. Die Vermieterin, eine resolute Frau mittleren Alters, zeigte den Neuankömmlingen alles und bat anschließend zum Essen, wenn sie es wünschten. Es gab hausgemachte Sülze mit Bratkartoffeln, da konnten Wagners doch nicht Nein sagen. Ferien auf dem Bauernhof, das war für sie eine neue Erfahrung. Zum Hof gehörte längst nicht mehr so viel Ackerland wie zu früheren Zeiten, aber er war durch rechtzeitige Umstellung auf Feriengäste rentabel geworden. Normalerweise kamen meistens Familien mit Kindern, wobei auch manche Kinder behindert waren. Gerade für sie war der Kontakt mit den Tieren ganz wichtig, in einigen Fällen gehörte das sogar zur Therapie.

Karin brauchte sich hier nicht umzustellen, denn sie kam genauso zurecht wie zu Hause. Uwe holte sich vom nahe gelegenen Touristenverein Informationen über die Gegend, damit er seiner Frau auch mal einige Sehenswürdigkeiten zeigen konnte. Karin hatte allerdings keinerlei Interesse, denn sie wollte ausspannen, „Action“ gab es für sie in letzter Zeit ja genug. So gestalteten sich die Tage vollkommen entspannt. Morgens klingelte kein Wecker, das Frühstück nach Bauernart war reichlich, mit Schinken, Eiern, hausgemachter Wurst, Käse usw. Nach dem anschließenden Blick in die Tageszeitung hielt sich Karin ganz gerne bei den Tieren auf. Außer den üblichen Kleintieren wie Hunde, Katzen, Enten und Hühner gab es auf diesem Hof eine recht große Schafherde. Als Attraktion flogen in einer große Voliere einheimischen Vögel sowie ein Schwarm Wellensittiche umher. Nebenan saßen einige Papageien auf ihren Ästen und knabberten Nüsse. Eine Gärtnerei befand sich auch auf dem Gelände. Uwe zog sich an manchen Tagen zurück, denn er hatte ein ganz dickes Buch zum Lesen mitgenommen. Das Mittagessen ließen sie ausfallen, dafür gab es Obst oder einen kleinen Snack. Erst am Spätnachmittag, wenn die Vermieterin für ihre Familie das Abendessen zubereitete, konnten auf Wunsch auch Wagners mitessen. Wie auf dem Lande üblich, gab es Hausmannskost, bei der Karin allerdings um ihr Gewicht fürchtete. Uwe ging es eigentlich nicht viel besser, aber er hatte immer schon gern gegessen. Wenn die Hosen nicht mehr passten, dann wurde etwas Neues gekauft. Er wollte schließlich auch mit der Mode gehen, sagte er jedenfalls. Karin fühlte sich pudelwohl, aber langsam spürte sie eine innere Unruhe. Ihr fehlten das Training und natürlich auch das Bogenschießen. Doch diese 14 Tage Urlaub waren sicherlich auch sehr gut für sie. Uwe konnte ebenfalls so in den Tag hineinleben, und manchmal bedauerte er es ein wenig, dass sie nicht schon früher eine Urlaubsreise gebucht hatten. Das Wetter hielt sich gut, aber am Rückreisetag begann es doch zu regnen. Nach dem Urlaub sollte für das Ehepaar Wagner diese schöne Zeit der Entspannung noch lange in guter Erinnerung bleiben.

Wieder zu Hause, kehrte schnell der Alltag mit all seiner Hektik ein. Karin ließ sich jedoch nicht beirren. Sie fand ihren Rhythmus wieder, obwohl manche Tage ihr arg zu schaffen machten. Niedergeschlagen und mit Übelkeit erwachte sie eines Morgens. Als sie sich nach dem Frühstück auch noch übergeben musste, rief sie in der Firma an und meldete sich krank. Ihr Arzt stellte gezielte Fragen, die sie auch präzise beantworten konnte. Ja, die Pille nahm sie schon seit Monaten nicht mehr. Ja, aber war das denn überhaupt möglich? Da ihre Unterleibsorgane nicht durch den Unfall geschädigt worden waren, sprachen also keine Gründe gegen eine Schwangerschaft. Diese Situation musste Karin erst einmal verkraften! Wie und wann sollte sie es ihrem Mann sagen?

„Bei Ihnen ist jedenfalls soweit alles in Ordnung", hörte sie den Doktor sagen. „Regelmäßige Untersuchungen sind aber unbedingt notwendig, um ein Restrisiko auszuschließen. Sie bekommen nun von uns einen Mutterpass und sollten die Untersuchungstermine genau einhalten, dann wird alles gut gehen." Karin bedankte sich. Fast wie im Trancezustand fuhr sie wieder nach Hause. Was würde sich wohl alles ändern? Kinder wünschten sie sich ja sehnlichst, aber nun wurde es ernst. Von den Räumlichkeiten her war alles kein Problem, nur müsste sie sich ihre Zeit anders einteilen und hauptsächlich für das Kind aufwenden. Der Tagesablauf würde dann ja ganz anders aussehen. Bei diesen Gedanken wurde ihr ganz warm ums Herz. War das bereits der Beginn mütterlicher Gefühle?

7. Kapitel

Karin wollte ihrem Mann von ihrer Schwangerschaft nicht einfach so erzählen, sondern schon ein kleines Geheimnis daraus machen. Sie hielt das letzte Kalenderblatt vom Monat Oktober in der Hand und betrachtete es beruhigt, denn ihr Arzt hatte als Geburtstermin den 7. Juni errechnet. Also war sie jetzt am Ende des zweiten Monats. *Irgendwie wird sich schon eine Gelegenheit ergeben,* sagte sich Karin, worauf sie gar nicht so lange zu warten brauchte. Eines Tages fuhren sie und Uwe zum Kaufhaus in die nächste Stadt. Sie suchte die Sportartikelabteilung, denn sie benötigte neue Schuhe. Es war nicht einfach durch die vielen Kunden zu manövrieren und den Fahrstuhl zu erreichen. Eine Verkäuferin mit einem großen Transportwagen voller Babysachen wollte mitfahren. Karin hob begeistert einen kleinen Strampelanzug in die Höhe. „Na, wie wäre das, wenn wir das auch mal bräuchten?"

Die Verkäuferin schmunzelte amüsiert, aber als sie daran dachte, dass Karin ja im Rollstuhl saß, erstarb ihr Lächeln. In der ersten Etage stieg sie aus und vermied den Augenkontakt mit Karin. Sie wusste nicht so recht, wie sie sich gegenüber einer Behinderten verhalten sollte. Hastig schob sie ihren Wagen aus dem Fahrstuhl in die Babywarenabteilung. Karin, die an solche Situationen gewöhnt war, registrierte das Verhalten nicht weiter, und Uwe hatte das sowieso nicht mitbekommen. Sie steuerten durch die Sportabteilung, Karin kaufte neue Schuhe sowie andere Kleinigkeiten und überredete Uwe, auch in der oberen Etage nach weiteren Kleidungsstücken Ausschau zu halten. Auf dem Rückweg lenkte sie ihren Rolli ganz zufällig in die Babyabteilung.

„Irgendwann werden wir sicher auch mal diese Sachen anschaffen müssen. Wir können uns ja schon mal ganz unverbindlich umsehen." Karin sah ihren Mann erwartungsvoll an.

Uwe war etwas über den ungewohnten Gesichtsausdruck seiner Frau verwirrt. „Meinst du, dass das jetzt schon notwendig ist? Wir haben doch noch Zeit damit?"

„Na ja, ein bisschen wird es schon noch dauern, aber wir sollten dann vorbereitet sein." Karin lächelte verschmitzt, drehte den Rolli um und schob sich zur nächsten Auslage.

„Willst du damit sagen, dass ...?" Uwe wusste nicht weiter. Sollte es wahr sein, oder träumte er?

„Ja, es ist soweit", jauchzte Karin vor lauter Glück und achtete nicht auf die Verkäuferinnen, die erschreckt ihre Köpfe hoben und die Verursacher des lauten Gesprächs suchten.

Uwe nahm seine Frau so stürmisch in die Arme, dass beide fast umfielen. „Das ist ja toll, dann kann er mir ja helfen, wenn es so weit ist."

„Und was machst du, wenn es ein Mädchen wird?"

„Dann kann sie mir auch helfen", echote Uwe.

„Nun warte erst mal ab, vielleicht will der oder die etwas ganz anderes", versuchte Karin ihren Mann wieder zu beruhigen. Wie zwei Kinder, die ein neues Spielzeug entdeckt hatten, alberten Wagners fröhlich herum, bis ihnen auffiel, dass die Verkäuferinnen und einige Kunden sie beobachteten. Uwe räusperte sich, erfasste die Griffe vom Rollstuhl und schob seine Frau in Richtung Fahrstuhl. Sie achteten nicht auf die fragenden Blicke, die ihnen folgten.

Uwe bemühte sich nun mehr als sonst um seine Frau, versuchte, ihr jegliche Arbeit abzunehmen. Doch so viel Fürsorge war noch nicht gefragt.

„Du brauchst mich nicht so zu behandeln, als wenn ich krank wäre, ich kann nur nicht laufen und bin schwanger. Wenn ich Hilfe brauche, dann melde ich mich schon früh genug."

„Ich meine es doch nur gut mit dir, das heißt mit euch", antwortete Uwe. „Ich will nicht, dass etwas schiefgeht."

„Das möchte ich auch nicht, aber wir sollten nichts übertreiben." Karin beruhigte ihren Mann. Für beide begann nun eine Zeit, in der sie neue Erfahrungen sammelten.

Karin bekam bei ihrem nächsten Arztbesuch genaue Instruktionen, schließlich war die Schwangerschaft für sie mit erheblichen Risiken verbunden. Auf der einen Seite konnte sie zwar das Kind, wie jede andere Frau auch, auf natürliche Art und Weise zur Welt bringen, solange sich keine Komplikationen einstellten. Auf der anderen Seite war durch die Sitzposition die Bewegungsfreiheit für Mutter und Kind stark eingeschränkt. Außerdem würde sie bei der bevorstehenden Geburt wahrscheinlich keine Wehen verspüren. Um möglichen Problemen frühzeitig zu begegnen, wurden vermehrte Untersuchungstermine vorgesehen. Bogenschießen war für Karin so lange möglich, wie sie mit dem Auto fahren konnte, denn sie musste ja den Rollstuhl über ihren Bauch hinweg heben. Ab einem bestimmten Zeitpunkt könnte sie das natürlich nicht mehr.

Allmählich verspürte sie eine beginnende Rundung ihres Bauches, machte sich aber keine unnötigen Gedanken darüber, denn die Untersuchungen ergaben stets, dass sich alles normal entwickelte.

„Wenn es so weit ist, dann werden wir sehen, was wir machen können. Bis dahin bitte nicht zu sehr anstrengen. Es ist in Ihrem Zustand ganz wichtig, dass Sie mehr auf sich achtgeben." Die Stimme des Arztes war beruhigend, sie fühlte sich in guten Händen.

Der Winter war nicht so frostig, deswegen hatte Karin mit dem Fahren keine Schwierigkeiten. Im Lagerhaus wurde sie angemessen umsorgt, die meisten Kolleginnen und Kollegen freuten sich mit ihr. Aber es gab auch andere Meinungen, allerdings nur hinter vorgehaltener Hand. Manch einer konnte es nicht verstehen, warum eine behinderte Frau einen Kinderwunsch hat und sich auch noch über das bevorstehende Ereignis der Geburt freut. Karin ignorierte diesen Missklang, denn sie wollte sich ihr Glück nicht zerstören lassen. Ihre Mutter war anfangs nicht begeistert davon, dass ihrer Tochter diese Last aufgebürdet wurde, aber sie beruhigte sich bald wieder. Somit wurde ihr Verhältnis zu ihrem Schwiegersohn nicht gerade besser. Uwe kümmerte sich überhaupt nicht darum, hielt zu seiner Frau und dem werdenden neuen Erdenbürger.

Karin bemerkte inzwischen die ersten Bewegungen ihres heranwachsenden Kindes. Die Ultraschalluntersuchungen sowie die weiteren medizinischen Überwachungen ergaben normale Ergebnisse. Allerdings fiel es ihr doch schon schwer, in ihrer sitzenden Position den Haushalt zu bewältigen. Aber Uwe entwickelte sich zu einem ganz hervorragenden Hausmann und nahm ihr die Arbeiten ab, die sie nicht mehr verrichten konnte. Tagsüber, wenn er zur Arbeit war, musste sie sehen, wie sie zurechtkam. Dann litt sie durch die Gewichtszunahme und unter dem größeren Körperumfang und musste für die häuslichen Tätigkeiten wesentlich mehr Zeit aufwenden. Ihr Training reduzierte sie auf ein Minimum und fand auch in der BSG vollstes Verständnis. Einige Vereinsmitglieder erkundigten sich in unregelmäßigen Abständen über ihr Wohlergehen. Den größten Beistand bekam sie von ihren beiden Freundinnen Anke und Elke. Die ließen es sich nicht nehmen, einfach so vorbeizukommen, um nach dem Rechten zu sehen. Dann wurde ausgiebig geschwatzt, natürlich bei Kaffee und Kuchen. Manchmal machten sich die Freundinnen auch darüber lustig, wenn Karin für zwei aß.

Monat um Monat verging. Für die werdende Mutter wurde die Schwangerschaft immer beschwerlicher ja fast unerträglich. Sie sehnte den Tag herbei, an dem sie ihre „Last" endlich loswurde. Inzwischen hatte sich Wasser in den Beinen angesammelt, und nicht nur beim Übersetzen, sondern ganz generell war ihr dicker Bauch immer im Wege. Gott sei Dank begann für sie der Mutterschutz. Mit dem Auto konnte sie schon nicht mehr fahren, also war auch mit dem Arbeiten die große Pause angesagt, ebenso mit dem Bogenschießen. Uwe wurde jetzt mehr denn je gefordert, wobei er allerdings eine gute Figur machte, da er sich um all die Dinge kümmerte, die Karin noch bisher erledigt hatte und nun nicht mehr konnte. Sie setzte sich nur stundenweise in den Rollstuhl, denn ganztägig schaffte sie es nicht mehr.

Mit der Einrichtung des Kinderzimmers gingen die Vorbereitungen weiter, aber es gab unerwartet große Probleme. Kein Hersteller von entsprechendem Mobiliar hatte etwas für Rollstuhlfahrerinnen im Programm. Das war eine Marktlücke, die schlimmer nicht hätte sein können. Wie sollte eine Mutter im Rollstuhl es wohl schaffen, ihren Nachwuchs in das normale Kinderbett zu legen? Meistens waren die Betten zu hoch und die Gitter ließen sich nicht weit genug absenken oder entfernen. So war es auch mit dem Wickeltisch. Hier gab es zwar die wunderbarsten Kombinationen, aber nicht für Rollifahrerinnen. Beim Laufgitter hörten die Probleme ebenso wenig auf wie beim Kinderwagen. Rollstuhl fahren und einen Kinderwagen schieben ginge nur, wenn man „vier" Hände hätte. Nun musste Uwe seine handwerklichen Fähigkeiten unter Beweis stellen und die nötigen Möbel anfertigen. Viel Zeit blieb ihm jedoch nicht mehr! Kurz entschlossen fuhr er zum Baumarkt und besorgte Bretter, Kanthölzer, Beschläge usw. In der heimischen Werkstatt begann er nun fleißig zu zimmern. Seine Frau verkündete ihm etwas unerwartet, als sie wieder einmal von der Untersuchung kam, dass er sie Mitte nächster Woche in die Klinik fahren sollte.

Nun war es endlich so weit. Die letzten Tage zu Hause konnte Karin fast nicht mehr aushalten. Schließlich brachte Uwe seine Frau in die Klinik und war aufgeregter als sie. Schnell war Karin auf der Station von den anderen werdenden Müttern umringt. Jede wollte wissen, wie das so war mit dem Verkehr und der Schwangerschaft, weil sie doch im Rollstuhl saß.

Karin sah sich verwundert um und bemerkte schließlich: „Na, wie habt ihr das denn gemacht. Meint ihr, nur weil ich im Rolli sitze, geht das anders?"

Die Reaktionen konnten unterschiedlicher nicht sein. Manche Frauen waren etwas pikiert, andere fanden das lustig. Jedenfalls war die erste Neugierde gestillt. Als Karin sich auch noch kräftig an scherzhaften Bemerkungen beteiligte, waren die Berührungsängste verflogen. Man wollte ihr helfen, wo es nur ging, doch sie lehnte dankend ab. Die Stationsschwestern kümmerten sich jedoch rührend um Karin, waren aber keineswegs aufdringlich und griffen nur ein, wenn es nötig war. Wie ein Lauffeuer verbreitete sich die Information, dass sie beim Bogenschießen viele wertvolle Pokale errungen hatte. Karin kam gar nicht richtig zur Ruhe, denn jeden Tag musste sie aus ihrem Leben erzählen.

Endlich war der errechnete Geburtstermin erreicht. Die Ärzte entschieden sich nach eingehender Untersuchung für einen Kaiserschnitt, um Karin unnötige Belastungen zu ersparen. Sie wurde für die Operation vorbereitet, dann dauerte es auch nicht mehr lange, und der Arzt hielt einen kräftigen Jungen in die Höhe. Ein kleiner Klaps und ein Schrei erfüllte den Operationssaal. Nach eingehender Untersuchung waren die Ärzte sehr zufrieden. Herzschlag, Atmung, Muskelspannung, Hautfarbe und Reflexe alles war in Ordnung. Auch schrie er so laut, als wollte er der ganzen Welt verkünden, dass ein neuer Mensch angekommen sei im Juni 1993.

Befreit und überglücklich lag Karin im Bett und hatte ihren Nils im Arm, der mit seinen 52 cm 3300 Gramm wog. Uwe brachte einen Strauß roter Rosen für seine Frau mit und zeigte jedem, was für ein stolzer Papa er war. Liebevoll betrachtete er seine Familie, wobei er es kaum erwarten konnte, seinen Sohn auf den Arm zu nehmen. Jetzt konnten die glücklichen Eltern ihre Freude so richtig genießen. Uwe beugte sich über seine Frau und küsste ihr die Freudentränen aus dem Gesicht.

Einige Tage nach der Geburt fuhr Karin schon wieder mit ihrem Rolli durch die Station und freute sich über die vielen Glückwünsche. In entsprechenden Zeitabständen stillte sie ihren Sohn, doch sie hatte nicht genug Milch, und Nils bekam noch zusätzlich eine Fläschchen-Mahlzeit. Der stolze Papa ließ es sich natürlich nicht nehmen, die Seinen jeden Tag zu besuchen. Mit den anderen frischgebackenen Vätern wurde nun nicht mehr nur über Autos und Sport diskutiert, sondern auch über alles rund um die Kindererziehung und die Familie.

Nach 14 Tagen konnte Uwe seine Frau mit dem Baby nach Hause holen. Das war mit seinem Bulli gut zu bewältigen. Erst verstaute er die Reisetasche, dann hob er den kleinen Nils in den Wagen. Karin setzte sich in der Zwischenzeit noch etwas vorsichtig mit Uwes Hilfe auf den Beifahrersitz. Zu guter Letzt wurde der Rolli eingeladen. Zu Hause angekommen, dauerte es nicht lange, und die Nachbarschaft stand vor der Tür. Wer nicht zur Arbeit gegangen war und Zeit hatte, fand sich bei Wagners ein und gratulierte. Damit war auch schon die nächste Feier eingeplant. Für das Baby war das alles reichlich Stress, und es weinte. Es beruhigte sich erst wieder, als Karin sich mit ihm zurückzog, seinen Hunger stillte und die nassen Windeln wechselte. Satt und zufrieden lag der kleine Nils nun in seinem Bettchen und ließ den Trubel um sich herum Trubel sein.

Uwe hatte an alles gedacht, denn der Wickeltisch war so gestaltet, dass Karin mit dem Rolli darunter fahren und von ihrer Sitzposition aus das Baby gut versorgen und alle nötigen Tätigkeiten verrichten konnte. Rechts und links vom Tisch waren Schubfächer und offene Fächer vorhanden, in denen alle notwendigen Utensilien untergebracht werden konnten. Mit der kleinen Badewanne hatte er aber seine Not, denn sie war zu hoch. Für eine Frau, die aufrecht stehen konnte, war das kein Problem. Aber Karin musste die Wanne neben den Rolli platzieren und sich mit dem Oberkörper zur Seite drehen, um den kleinen Nils zu baden. Das ging natürlich nicht lange gut, denn dabei bekam sie schnell Rückenschmerzen. Das Kinderbett war allerdings so umgebaut geworden, dass ein seitliches Gitter um die Hälfte gekürzt und die Matratze so hoch montiert worden, dass Karin mit dem Rollstuhl darunter fahren konnte. Das geänderte Gitter konnte nun so eingehängt und befestigt werden, dass keine Gefahr für den Kleinen bestand, aus dem Bett herauszufallen, wenn er mal seine Umgebung erkunden wollte. Den Umgang mit dem Kinderwagen musste sie erst ein wenig üben, aber ihre Muskulatur war so entwickelt, dass sie schließlich mit der einen Hand den Wagen schieben und mit der anderen den Rolli antreiben konnte. Sie fuhr dann zwar einen kleinen Zickzack-Kurs, aber auf geraden Straßen im Wohnbereich war das nicht weiter schlimm.

Ihre Mutter freute sich übermäßig, dass Karin nun alles überstanden hatte, und war über ihren Enkel begeistert. Sie nahm auch ihren Schwiegersohn in den Arm und gelobte Besserung. Spontan bot sie sich an, bei Bedarf auf den Kleinen aufzupassen. Das war und ist wohl bei frischgebackenen Omas so üblich. Karins Bruder meldete sich nur telefonisch und wünschte auf diesem Wege alles Gute. Beruflich wäre er im Augenblick stark eingespannt, aber wenn die Zeit es zuließe, dann wollte er seine neue Verwandtschaft doch einmal besuchen und kennenlernen. Das war nur ein kleiner Trost für Karin, aber bei dem derzeitigen Verhältnis zu ihrem Bruder war wohl nicht mehr zu erwarten. Wesentlich intensiver gestaltete sich die Beziehung zu ihren Freundinnen. Diese kamen, sobald sie konnten, denn sie waren „gar nicht neugierig". Die Begeisterung nahm kein Ende, und Karin war sehr stolz auf sich und ihr bisheriges Leben. Ebenso bekam sie eines Tages Besuch von einer kleinen Abordnung aus dem Lagerhaus. Sie freute sich sehr darüber, denn sie war ja dort eine angesehene Mitarbeiterin. Ob und wann sie wieder zur Arbeit gehen wollte, wusste sie noch nicht so genau, denn ihr standen drei Erziehungsjahre zu, und die wollte sie auch ganz gern nehmen.

Nils entwickelte sich prächtig und war jetzt drei Monate alt. Damit war es Zeit, an die Taufe zu denken. Der Pastor erschien eines Tages bei Karin, um alles Notwendige zu besprechen. Bis zum Termin war noch Zeit, doch es gab genug zu erledigen. Wer kommt als Taufpaten in Frage? Was ziehen wir dem Nils an? In welcher Gaststätte feiern wir? Helle Aufregung im Hause Wagner! Karins Mutter brachte das Taufkleid, das Karin bei ihrer Taufe schon anhatte. Im Freundeskreis ließen es sich Anke und Elke nicht nehmen, die Patenschaft zu übernehmen, so lösten sich die Probleme fast von selbst, die ganze Aufregung war umsonst.

Endlich war es in der voll besetzten Kirche so weit, und die Taufzeremonie begann. Der Taufspruch, die passenden Lieder, Mutter-Kind-Segen, der ganze Ablauf gestaltete sich äußerst feierlich. Anschließend traf sich die Familie Wagner mit den Freunden und Bekannten in einer Gaststätte ganz in der Nähe zum Mittagessen. Nach dem Dessert verabschiedeten sich die ersten Gäste, und die Feier klang so langsam aus.

Als wieder die Kerzen am Weihnachtsbaum das große Wohnzimmer in festlichem Glanz erstrahlen ließen, war Nils bereits ein halbes Jahr alt. Neugierig nahm er seine Umgebung mit großen Augen wahr. Fast täglich entdeckten die Eltern kleine Veränderungen in seinem Verhalten und freuten sich über jeden neuen Fortschritt in der Entwicklung. Der Alltag wurde zur Routine, es drehte sich alles um das Kind. Zwischendurch fand Karin wieder etwas Zeit, die Trimmgeräte zu nutzen und sich im Pool zu erfrischen. Ab und zu nahm sie Nils mit ins Wasser, aber nur, wenn Uwe dabei war. Der alberte viel mit seinem Sohn herum, und dadurch gewöhnte sich das Kind schnell an das nasse Element. So spielte sich ein rundum glückliches Familienleben ab. In der Nachbarschaft hatten zwei Frauen fast zur gleichen Zeit entbunden, so war es für Karin sehr angenehm, sich mit Gleichgesinnten austauschen zu können. Mit der Zeit entwickelte sich so etwas wie Freundschaft, und die drei Frauen führten oft, sowie das Wetter es zuließ, ihre Kinder zusammen aus. Manchmal kamen sie auf die Idee, kleine Spiele zu versuchen und auszuprobieren, und hatten viel Spaß zusammen.

Schnell verlief die Zeit, und Karin versuchte, wieder regelmäßig zu trainieren. Sie nahm sich ihr altes Programm vor, änderte hier und da einige Übungen ab, und versuchte auch wieder, mit Pfeil und Bogen zu schießen. Dabei war natürlich größte Vorsicht geboten, wenn sie wegen zu schlechtem Wetter wieder im Hause schoss, denn Nils entwickelte mit seinen mittlerweile eineinhalb Jahren eine unbändige Neugierde, gepaart mit großem Tatendrang. Er krabbelte quietschvergnügt im Haus herum, und Karin überlegte schon, ihn irgendwo festzubinden, wenn sie mit Pfeil und Bogen umging. Doch dann tat ihr das kleine Kerlchen wieder leid und sie verlegte den gefährlichen Teil ihres Sports auf die Zeit, wenn Nils seinen Mittagsschlaf hielt oder abends bereits im Bett lag. Ganz allmählich spürte sie, wie sich ihre Muskulatur wieder aufbaute und die Kondition zunahm. Derart motiviert steigerte sie ihr Pensum und war fast jede freie Minute im Fitnessraum. Eines Tages fiel ihr jedoch auf, dass sie sehr oft ihren Sohn wegschickte, bei entsprechendem Wetter in den Garten oder natürlich auch in sein Zimmer. Sie sprach mit ihrem Mann darüber, und der hatte gleich eine mögliche Lösung zur Hand. „Lass uns doch einen Hund anschaffen, dann hat Nils einen Spielkameraden. Außerdem prägt ein Haustier das Sozialverhalten, so sagt man jedenfalls.“

„Daran habe ich auch schon gedacht“, entgegnete Karin. „Wenn ich hier trainiere, dann darf er mir nicht dazwischenrennen, aber ihn einsperren oder immer wegschicken, möchte ich auch nicht.“

„Wir können uns wegen des Hundes ja mal beraten lassen, hier ist doch bald eine Ausstellung in der Nähe." Mit diesem Thema klang der Abend aus. Immer wieder unterhielt sich die Familie über das geplante Haustier, ein reinrassiger Hund, wie sie bei der Ausstellung zu sehen waren und von den Züchtern angeboten wurden, musste es nicht unbedingt sein. So sahen sich Wagners erst einmal in einem Tierheim um. Die Auswahl erschien riesig, als sie an den Zwingern entlanggingen, um sich einen Überblick zu verschaffen. Der Pfleger fragte nach ihren Vorstellungen, denn er wollte auch beratend auf die Wünsche der Familie eingehen. Sie unterhielten sich eine ganze Weile, bis Uwe plötzlich auffiel, dass Nils, der lachend in seiner Kinderkarre saß, immer wieder zu einem nahegelegenen Zwinger zeigte. Hinter den Gitterstäben lief ein kleiner, brauner, kurzhaariger Hund ganz aufgeregt hin und her und hatte ständig Blickkontakt zu dem Jungen. Besorgt rollte sich Karin zu ihrem Sohn, aber der Pfleger beruhigte sie. „Sie brauchen sich keine Sorgen zu machen, dieser Hund ist ganz friedlich, aber noch nicht lange bei uns. Er wurde auf einem Autobahnparkplatz an einem Baum festgebunden entdeckt. Ein älteres Ehepaar brachte den Rüden her, denn sie konnten ihn nicht behalten, weil sie schon einen Schäferhund haben. Es ist ein kleiner Mischlingshund, in ihm sind mehrere Rassen vertreten. Nach unseren Beobachtungen ist er aber ein sehr anhängliches und ruhiges Tier. Er wird Ihnen viel Freude bereiten, denn den Trennungsschmerz hat er scheinbar schon überwunden. Und wie es aussieht, hat er einen neuen Freund gefunden."

Die Eltern berieten sich und ließen dabei ihren Sohn nicht aus den Augen. Schließlich waren sie sich einig. Allerdings konnten sie den Hund nicht gleich mitnehmen, denn er musste vom Tierarzt untersucht werden, und eine Impfung war auch noch nötig. Nils verstand das nicht und fing an zu weinen, als Uwe ihn vom Zwinger wegholte. Auch der Hund gebärdete sich wie toll, als ob man ihm sein liebstes Spielzeug wegnahm.

„Das fängt ja schon gut an", bemerkte Karin, und der Pfleger meinte nur: „Hier stimmt scheinbar die Chemie, das ist das Wichtigste."

Auf dem Nachhauseweg fuhren Wagners zum Einkaufscenter. In der Abteilung für Haustierartikel sahen sie sich erst einmal alles genau an. Leine, Halsband, Körbchen und Futter standen für heute auf dem schnell hingekritzelten Einkaufszettel, auch ein Büchlein über den Umgang mit Hunden war dabei. Zu Hause wurde festgelegt, wo das Körbchen platziert werden sollte. Es musste eine geschützte Ecke sein, von der aus der Hund alles beobachten konnte. Eine tiergerechte Haltung war oberstes Gebot.

Wenige Tage später meldete sich der Pfleger vom Tierheim. Der Hund könnte abgeholt werden. Noch am gleichen Nachmittag fuhr die Familie hin, und man staunte nicht schlecht über den Ausdruck der Freude, die der Hund mit Nils veranstaltete. Karin bekam genaue Anweisungen, was bei der Fütterung und der Erziehung beachtet werden musste. Es war ja noch ein junges Tier, das viel zu lernen hatte, was es durfte und was nicht. Vor allen Dingen musste man konsequent mit ihm umgehen. Im Heim führte man den Hund unter dem Namen BINGO, denn für ihn war es das große Los, als das Ehepaar den armen Kerl aus seiner schlimmen Lage befreit hatte. Nach kurzer Überlegung war man sich einig, den Namen beizubehalten. Karin bekam die ganzen Unterlagen in die Hand gedrückt, und Uwe bezahlte einen kleinen Betrag für die bisherige Pflege. Vor lauter Freude, dass er nicht wieder allein gelassen wurde, konnte Bingo das Wasser nicht halten, aber an solche kleinen Pfützen war man im Heim schon gewöhnt. Uwe legte eine alte Decke auf den Rücksitz seines Autos, ganz dicht an den Kindersitz heran, und Nils streichelte den Kopf seines neuen Freundes, bis Uwe in die heimische Garage fuhr. Im Hause musste natürlich erst einmal alles erkundet werden, und Bingo schnüffelte an jedem Stuhlbein und in jeder Ecke. Irgendwann war es genug, und er hatte alles erkundet. Zusammengerollt mit dem Kopf auf den Vorderpfoten lag er mit geschlossenen Augen in seinem Körbchen.

Der Tagesablauf mit dem vierten Familienmitglied änderte sich erheblich aber er spielte sich erstaunlich schnell ein. Bevor Uwe zur Arbeit fuhr, drehte er eine kleine Joggingrunde mit Bingo. Der Garten war für den Hund groß genug zum Toben, so konnte er ruhig für eine ganze Zeit mal alleine sein. Tagsüber, wenn Karin mit Nils draußen war, wich der Hund sowieso nicht von ihrer Seite, und am Abend gingen Uwe und Karin noch einmal mit ihm raus, wenn Nils bereits im Bettchen lag. Karin war für Bingo die Bezugsperson, sie gab ihm zu fressen und kümmerte sich um seine Erziehung. Dieses fleißige Üben zahlte sich schließlich aus, denn es dauerte nicht lange und Bingo konnte ohne Leine gehen. Wenn er bei den ausgiebigen Spaziergängen die Bäume ganz verträumt beschnupperte und wurde gerufen, dann kam er auch sofort. Für ihn war die Familie Wagner sein Rudel, er hatte inzwischen darin seinen Platz gefunden.

Ein erlebnisreiches Jahr neigte sich dem Ende zu, und der Winter kam mit viel Schnee und grimmiger Kälte. Haus und Garten waren winterfest hergerichtet. Uwe freute sich über die Solaranlage, denn dadurch hielten sich die Heizkosten in Grenzen. Der Pool wurde regelmäßig genutzt, ebenso die kleine Sauna, die Uwe noch im Haus unterbringen konnte. Seitdem waren grippale Infekte für die Familie ein Fremdwort. Karin hatte mit den anderen jungen Müttern aus der Nachbarschaft fleißig an weihnachtlichen Dekorationen gebastelt, damit die Häuser reich geschmückt werden konnten. Die Feiertage vergingen viel zu schnell, der Alltagstrott hatte wieder alles im Griff.

Nils machte mit seinen zweieinhalb Jahren gute Fortschritte. Das Gehen, Laufen, Klettern klappte schon alles ganz gut, auch benutzte er zusammenhängende Wörter. Der letzte Entwicklungsschub war gewaltig. Er und Bingo wurden ganz dicke Freunde, wo der eine auftauchte, war der andere auch nicht weit. Nur gemeinsam im Bett schlafen, das hatte Karin von Anfang an konsequent unterbunden.

Ihr etwas vernachlässigtes Training nahm Karin wieder intensiver auf. Außerdem fuhr sie jede Woche zur Sportgemeinschaft und trainierte dort in aller Ruhe. Den überarbeiteten Trainingsplan vor Augen, schoss sie Pfeil auf Pfeil, immer auf das Ziel fixiert, wobei sie es manchmal sogar fertigbrachte, Pfeile zu zerschießen. Ärgerlich war das schon, denn die Pfeile waren nicht gerade billig, doch erkannte sie schon jetzt ihren gleichbleibenden Schuss. Da musste doch was zu machen sein?! Doch daraus wurde vorerst nichts.

Im Laufe des Sommers fuhr Karin in die Stadt, um einiges zu besorgen. Nils konnte sie bei einer Nachbarin lassen, er spielte mit deren Kindern gut zusammen, und so halfen sich die Mütter gegenseitig. Karin war früh dran, doch ärgerte sie sich wieder einmal über die Falschparker, die penetrant die Plätze für Behinderte benutzten. Nach langem Suchen fand sie endlich einen geeigneten Parkplatz. Ihre Besorgungen waren schnell erledigt. Dann schaute sie noch in der Drogerie vorbei, in der Anke arbeitete, doch leider war sie nicht da. Karin hatte noch Zeit, deshalb suchte sie in ihrer Tasche nach der Adresse vom Manfred Schneider, dem Gruppensprecher der Behinderten und rief ihn an.

„Das freut mich aber, dass Sie sich wieder melden, ich dachte schon, Sie hätten uns vergessen", schallte es nach der Begrüßung aus dem Telefon.

„Nein, nein", antwortete Karin, „ich habe nur in der Zwischenzeit ein Kind bekommen, und jetzt wollte ich mal wieder etwas von mir hören lassen."

Erstaunen auf der anderen Seite der Leitung, dann wurde aufs Herzlichste gratuliert.

„Das ist ja nicht zu glauben, wir müssen uns unbedingt wieder treffen, es gibt viel zu erzählen, außerdem bereiten wir wieder eine Aktion vor, für die wir noch Leute brauchen."

Ein Termin war schnell gefunden, und Karin begab sich wieder zu ihrem Auto. Sie traute ihren Augen kaum, denn ein anderer Autofahrer hatte sie so zugeparkt, dass sie noch nicht einmal in ihren Wagen kam.

„Das kann doch nicht wahr sein", schimpfte sie so laut, dass sich Passanten nach ihr umdrehten. Sie kramte nach ihrem Mobiltelefon, als ein Mann aufgeregt auf sie zukam.

„Ich habe nur schnell eine Zeitung geholt", war seine Entschuldigung.

„Das ist aber trotzdem kein Grund, so zu parken", konterte Karin.

„Warum regen Sie sich so auf, es gibt doch auch Parkplätze für Behinderte", kam es postwendend zurück.

„Na klar gibt es die, aber da stehen auch so Zeitungsholer wie Sie. Außerdem könnten Sie sich wenigstens entschuldigen!"

Karin wurde langsam wütend und nahm zur Kenntnis, dass sich ein Kreis von Passanten um sie gebildet hatte. Der Mann winkte indes mit seiner Zeitung ab und murmelte etwas vor sich hin, was Gott sei Dank niemand verstand. Er stieg in sein Auto, startete den Motor und hätte fast noch einen Unfall verursacht.

„Kann ich Ihnen irgendwie helfen?“, sprach eine Frau sie von der Seite an.

„Nein, danke“, erwiderte Karin, „ich brauche jetzt nur einen Kaffee und eine Toilette.“

„Kann ich Sie zu einem Kaffee einladen? Ich habe ein wenig Zeit. Mein Mann sitzt auch im Rollstuhl, müssen Sie wissen, und wir kennen die ganze Palette der Unverschämtheiten und Ausreden.“

„Ich nehme die Einladung gerne an.“ Karin beruhigte sich langsam wieder.

„Ich darf mich erst einmal vorstellen, mein Name ist Schneider. Mein Mann ist Gruppensprecher der Behinderten hier in der Stadt.“

„Ach, Sie sind das, was für ein schöner Zufall“, antwortete Karin. „Ich habe vorhin gerade mit Ihrem Mann telefoniert!“

„Er hat im Augenblick viel zu tun, denn er bereitet mit einigen anderen wieder eine neue Aktion vor. In der letzten Zeit ist ja viel gebaut worden, aber für Behinderte ist das meiste nicht geeignet. Denken Sie nur mal an die Fußgängerzone oder an einige Ämter. Es fehlen Rampen und Aufzüge. In den meisten Fällen ist das keine böse Absicht, sondern nur Unkenntnis. Dagegen müssen wir unbedingt etwas tun.“

Karin überlegte nicht lange und bot ganz spontan ihre Hilfe an. Lange unterhielten sich die beiden Frauen noch, bis Karin sich verabschiedete und wieder nach Hause fuhr. Dann holte sie ihren Sohn von der Nachbarin ab und erledigte den Rest ihrer Hausarbeit. Dabei tollte Bingo aufgeregt umher, denn nun war sein Rudel fast wieder komplett. Am Abend berichtete sie ihrem Mann von dem Vorfall und dass sie bei der Aktion mithelfen wollte. Uwe hatte nichts dagegen, ja, er wollte sogar mit dabei sein, wenn es terminlich passte.

Zehn Rollstuhlfahrer trafen sich Mitte der Woche auf dem großen Parkplatz eines Supermarktes. Die geplante Aktion sollte beginnen. Herr Schneider teilte die Anwesenden in drei Gruppen auf. Die erste Gruppe sollte die öffentlichen Gebäude begutachten. Man hatte sich bei der Planung für das Rathaus, das Finanzamt, das Bauamt und das Polizeigebäude entschieden. Die zweite Gruppe war für die öffentlichen Verkehrsmittel vorgesehen. Die dritte Gruppe führte Herr Schneider selbst an und nahm sich die Fußgängerzone, Parkanlage, öffentliche Toiletten, Parkplätze usw. vor. Karin, die mit der ersten Gruppe unterwegs war, konnte sich ein Lachen kaum verkneifen, als sie im Bauamt den Beamten wiedersah, mit dem sie wegen ihres Hauses zu tun gehabt hatte. Er erkannte sie sofort wieder und verschwand fluchtartig auf der Herrentoilette. Fast den ganzen Tag waren die Gruppen unterwegs und verteilten auch Informationszettel, auf denen die Situation der Behinderten nachzulesen war. Der Großteil der Passanten und die Beschäftigten der öffentlichen Einrichtungen äußerten sich positiv über diese Aktion. Doch leider gab es auch negative Bemerkungen. Die gingen teilweise sogar so weit, dass die Rollstuhlfahrer doch gefälligst in Heimen untergebracht werden sollten. Die Betroffenen waren sehr froh, dass nur eine Minderheit so dachte.

Am Abend trafen sich die Gruppen in einer Gastwirtschaft zu einem gemeinsamen Essen und einem gegenseitigen Erfahrungsaustausch. Die jeweiligen Partner waren, so wie sie abkömmlich sein konnten, ebenfalls mit dabei. Auch Uwe traf ein und brachte Nils mit, der von allen sehr begeistert empfangen wurde. Bingo wartete so lange im Auto. Für Karin war dieser Tag ein überwältigendes Ereignis. Sie half mit, Missstände aufzudecken, und lernte auch andere Rollifahrer kennen, mit denen sie sich austauschen konnte. Im Laufe des Abends sammelte das Ehepaar Schneider alle Ergebnisse zusammen, um einen entsprechenden Bericht an den Stadtdirektor zu verfassen. Es gab sehr viele schwerwiegende Mängel für die Betroffenen. An fast allen öffentlichen Gebäuden fehlten Auffahrrampen. Die Eingangstüren ließen sich aus der Sitzposition nur schwer oder gar nicht öffnen. In den Gebäuden fehlten teilweise Fahrstühle, und wenn sie vorhanden waren, passte ein Rollstuhl nur knapp hinein. An Gehwegen fehlten abgeflachte Bordsteinkanten. Der

Rollifahrer musste auf den Radweg ausweichen, oft zum Leidwesen der Fahrradfahrer. Die breite Hauptstraße hatte mehrere Unterführungen, nur waren die „Rollispuren" aus Platzgründen direkt neben den Treppen und damit viel zu steil. Größere Geschäfte hatten am Eingang hauptsächlich Drehtüren, die meistens zu eng gebaut waren. Telefonzellen konnten gar nicht benutzt werden, denn wer im Rollstuhl saß, bekam die Tür nicht auf. Auch wenn jemand zur Hilfe kam, passte der Rolli nicht so weit hinein, dass die oder der Behinderte den Handapparat erreichen konnte. Das größte Problem waren aber die Parkplätze für Behinderte. Es gab zu wenige davon, und die waren meistens fremd besetzt.

Als Rollstuhlfahrer ist man in vieler Hinsicht eingeschränkt. Dass man nicht laufen kann, muss man akzeptieren, aber alles andere müsste so angepasst werden, dass man am öffentlichen Leben teilhaben kann. Manchmal waren es nur Kleinigkeiten, doch oft wurden größere Maßnahmen, die obendrein noch viel Geld kosteten, gescheut. Über die durchgeführte Aktion berichtete die lokale Presse ganz ausführlich, und damit wurde große Aufmerksamkeit der Öffentlichkeit auf die Belange der Behinderten gelenkt. Welch ein Erfolg!

Nils ging inzwischen mit seinen Spielgefährten in den Kindergarten. Karin meldete sich wieder im Lagerhaus zur Arbeit, und Bingo konnte gut alleine im Hause bleiben. Eine Nachbarin führte ihn aus, wenn es einmal notwendig sein sollte. An diesen Tagesablauf konnte sich die Familie Wagner jedoch nicht so recht gewöhnen, denn Karin stellte fest, dass Arbeit, Kind, Haushalt, Hund und Sport auf Dauer über ihre Kräfte ging. Sie kündigte und beendete ihre berufliche Tätigkeit nach sechs Monaten zum Jahresende. Nun organisierte sie um. Morgens, wenn Nils im Kindergarten war, trainierte sie in voller Konzentration. Bingo war daran gewöhnt, dass um diese Zeit Pfeile durch die Luft schwirrten. Dann verkroch er sich in sein Körbchen. Sobald das Wetter es zuließ, nutzte sie die Schießbahn im Garten, ging zwischendurch an die Trimmgeräte und in den Pool. Damit kräftigte sie den Teil ihres Körpers, der ihr noch gehorchte. Langsam und allmählich steigerte sich ihre Form. Sie hatte das

Gefühl, dass sie nun ihren Weg machen könnte, um das einst gesteckte Ziel weiter zu verfolgen und zu erreichen. Einmal mit den Großen dieser Sportart im Turnier antreten, das war ihr Traum.

Karin kaufte sich einen neuen Bogen, ein wahres Hightech-Gerät mit der dazu gehörenden Ausrüstung. Uwe hatte nichts dagegen, denn seine Frau ging im Sport völlig auf. Im Laufe der folgenden Monate hatte sie den „Neuen" eingeschossen, was sich durch recht gute und konstante Ergebnisse zeigte. Das fiel auch im Verein auf, und sie sollte wieder an den Turnieren teilnehmen. Karl brauchte als Trainer Erfolgserlebnisse, denn im Vergleich zu anderen rangierte die Sportgemeinschaft auf den hinteren Plätzen. Das machte sich natürlich auch finanziell bemerkbar. So meldete er seine besten Schützen zu den verschiedensten Turnieren an, bis einige Schützen sich beklagten. Jeder musste die Kosten für die Teilnahme aus eigener Tasche bezahlen, und das ging bei manchem schon an die Substanz. Carsten, ein sehr guter Schütze in der BSG, der seine Trainerlizenz vor einem Monat erhalten hatte, machte Karl darauf aufmerksam, dass er seine Schützlinge nicht so durch die Turniere hetzen dürfe. Finanziell sei das eine erhebliche Belastung, vom teilweise sehr großen Zeitaufwand ganz zu schweigen. Solange die Familienmitglieder sich nicht beklagten, wäre nichts dagegen einzuwenden. Aber wenn, dann war der Ärger vorprogrammiert.

„Du hast ja keine Ahnung", reagierte Karl wütend auf Carstens Anmerkungen. „Wir haben gute Leute. Ich will, dass sie noch besser werden und an großen Meisterschaften nicht nur teilnehmen, sondern auch gewinnen!"

„Das geht aber nicht mit Gewalt, sondern nur mit der richtigen Motivation. Schließlich haben sie alle ihre Familie und nicht unbedingt die Ambition, Weltmeister zu werden. Das darfst du nicht außer Acht lassen, Karl."

„Solange ich hier Trainer bin, liegt die Verantwortung bei mir und es läuft so, wie ich es für richtig halte." Karl schrie seinen Vereinskameraden fast an, aber der drehte sich nur um und ließ ihn einfach stehen. Seine Gestik zeigte, dass er sich hier doch nicht zum Affen machen lassen wollte. Er ging zur Tür hinaus.

So kam es, wie es kommen musste. Die Situation spitzte sich zu, Turniere wurden boykottiert und bei den gemeinsamen Übungsabenden herrschte eine gedrückte Stimmung. Niemand war mehr so richtig mit Freude dabei. Karin hielt das auch nicht mehr aus, denn jeder meckerte, aber niemand tat etwas. Schließlich setzte sie sich hin und schreib einen Brief an den Vereinsvorstand, in dem sie die derzeitige Situation schilderte. Da nur konstruktive Kritik zum Erfolg führte, schlug sie vor, dass Karl sein Amt niederlegen und Carsten als Wunschtrainer der Sportgemeinschaft eingesetzt werden sollte. Doch bevor sie dieses brisante Schreiben abschicken konnte, kam der Zufall zur Hilfe. Karl wurde von seinem Arbeitgeber an einen anderen Ort versetzt und stellte von sich aus sein Amt zur Verfügung. Ein befreiendes Aufatmen ging durch die Sportgemeinschaft, denn Carsten wurde als Nachfolger bestätigt. Durch seine ruhige und besonnene Art verbesserte sich das Miteinander schlagartig. Jetzt wurde nur an den wichtigsten Turnieren teilgenommen, denn nur das brachte die Schützen weiter voran.

Bis zum Frühjahr des darauffolgenden Jahres lief Karin zur Höchstform auf und belegte bei der Deutschen Meisterschaft den dritten Platz. Als schließlich ihre Aufnahme in die Nationalmannschaft erfolgte, packte sie der Ehrgeiz vollends. Zu Hause organisierte sie ihren Haushalt so, dass alles in Ordnung und sauber war, niemand zu kurz kam, auch der Hund nicht, und dass sie trotzdem noch genügend Zeit zum Training aufbringen konnte. Für eine Frau, die ihr Leben im Rollstuhl verbringen musste, war das allein schon eine Meisterleistung. Das harmonische Familienleben trug sicherlich zu einem hohen Prozentsatz dazu bei. Körperlich erreichte Karin eine Kondition, die es ihr erleichterte, die 144 Pfeile ohne Probleme ins Ziel zu bringen. Die häuslichen Scheiben mussten immer wieder erneuert werden, denn der mittlere Bereich war arg zerschossen, und manche Pfeile steckten schon tief im Material.

Fast ging es nun Schlag auf Schlag. Im Jahre 1997 wurde Karin Vizemeisterin im Bogenschießen. 1998 errang sie den Titel Deutsche Meisterin. Inzwischen traf ein folgenschwerer Brief mit der Post ein. Mit zittrigen Händen öffnete sie den

Umschlag und schrie vor Freude laut auf. Am liebsten wäre sie hoch in die Luft gesprungen, aber das ging ja leider nicht. Mit Freudentränen in den Augen las sie immer und immer wieder die Zeilen, die besagten, dass sie als Teilnehmerin bei der Weltmeisterschaft im Sommer 1998 in England gemeldet wurde.

8. Kapitel

Langsam wurde es für Karin Zeit, ihre Sachen für das Königreich zu packen. Nils ließ es sich nicht nehmen, seiner Mutter zu helfen. Sie hatte eine große Liste geschrieben, damit sie ja nichts vergaß. Fast hektisch lenkte sie den Rolli vom Schlafzimmer zum Wohnzimmer, dann wieder in die Küche und ins Bad. Als Uwe am Nachmittag von der Arbeit kam, fand er seine Frau erschöpft auf der Couch liegen.

„Na, mein Schatz, was hat dich denn so geschafft?“ Diese Frage klang schon fast scheinheilig.

„Du bist vielleicht lustig, ich fliege ja schließlich nicht jedes Jahr zur Weltmeisterschaft. Was meinst du wohl, an was ich alles denken muss!“

„Wenn die Zahnbürste fehlt, dann kannst du ja eine kaufen“, munterte er seine Frau auf.

„Oh Mann, es geht ja nicht um die Zahnbürste, es geht um die Ausrüstung. Beim Turnier müssen wir in gleicher Kleidung antreten, sonst werden wir disqualifiziert. Wir haben doch nur die beiden T-Shirts und die Jacke bezahlt bekommen, den Rest müssen wir aus eigenen Beständen bestreiten.“

Nils kam mit einem kleinen Stofftierchen, es war eine Schildkröte, aus seinem Zimmer gerannt und drückte sie seiner Mutter in die Hand. „Hier, Mama, die soll dir Glück bringen, damit du gewinnst.“

Karin drückte ihren Sohn an sich und versprach, diesen Talisman immer bei sich zu haben. Nachdenklich betrachtete sie das Stofftier in ihrer Hand.

Von den insgesamt 110 Bogenschützen trafen zehn Teilnehmer aus Deutschland mit den Besten der Welt zusammen. Damit ging für Karin ein Traum in Erfüllung, was für ein Erlebnis! Nervös las sie noch einmal ihre Packliste durch. Hatte sie an alles gedacht und eingepackt? Die Papiere, Geld und ihre Ausrüstung, alles lag bereit, der Reisetag konnte kommen. Karin brauchte sich keine Sorgen zu machen, schließlich war zu Hause alles geregelt. Uwe konnte sich gut selbst versorgen, bekam aber leider keinen Urlaub, deswegen freute sich Nils schon auf die Zeit bei der Oma, die auch bereitwillig für Bingo sorgen wollte. Karins Mutter hatte sich so langsam damit abgefunden, dass ihre Tochter sehr gut allein zurechtkam, obwohl sie im Rollstuhl saß. Sie war sogar ein wenig stolz auf Karin, die voller Energie ihr Leben meisterte.

Auf dem internationalen Großflughafen in Frankfurt drängten sich die Fluggäste vor den Abfertigungsschaltern. Jeder hatte einen Wagen mit seinem Gepäck vor sich, und manche Schlange wollte kein Ende nehmen. Kinder liefen aufgeregt kreuz und quer durch die Halle und wollten vor lauter Aufregung nicht zur Ruhe kommen. Wieder wurde ein Flug aufgerufen, und eine große Menschenmenge drängte sich zur Tür zum Flugsteig. Mit leisem Rasseln änderten sich die Anzeigen auf der riesigen Informationstafel. Die vielen Monitore zeigten mit blinkender Schrift die aktuellen Daten an. Manch ein Fluggast blickte darauf und suchte seine Flugnummer. Hier trafen sich nun die Athleten, eingeladen vom International Paralympic Committee, kurz IPC. Es war eine kleine Gruppe Rollstuhlfahrer, die bereits mit dem Flugzeug, der Bahn oder mit dem Auto angereist waren. Die zehn Athleten mit ihren Betreuern und dem Teammanager fielen natürlich auf, sodass manch ein Fluggast etwas unverständlich schaute. Es gab aber auch den einen oder anderen, der sich mit den Rollstuhlfahrern unterhielt. Als dann aber der Zweck deren Reise bekannt wurde, nämlich die Teilnahme an der Weltmeisterschaft im Bogenschießen in England, kam große Begeisterung auf. Plötzlich wurden Autogramme geschrieben, wildfremde Menschen wünschten viel Erfolg und begegneten den Athleten mit großer Achtung. Der Teammanager lief aufgeregt durch die Abfertigungshalle, denn bei ihm lag die ganze Verantwortung, dass alles reibungslos ablaufen würde. Endlich kam Bewegung in die Gruppe. Die Fluggesellschaft stellte Personal ab, das sich um die Gepäckstücke sowie die Ausrüstung kümmerte. Nacheinander wurden die Rollstuhlfahrer in das Flugzeug begleitet. Dort mussten sie sich auf ihre Plätze umsetzen, und die Rollstühle wurden im Gepäckraum verstaut. Routiniert lief die Abfertigung ohne Verzögerungen ab. Langsam legte sich die allgemeine Nervosität, denn was sollte jetzt noch schiefgehen?

Karin kontrollierte noch einmal ihren Rucksack, den sie stets mit sich führte. Die Papiere waren sicher verstaut, die Reiseschecks ebenfalls, und die englischen Pfund, die sie bei der Bank eingetauscht hatte, mussten für die ersten Tage reichen. Dann fiel ihr die Schildkröte in die Hand, und ihre Gedanken kreisten um ihre Familie zu Hause. Fast spürte sie noch Uwes Abschiedskuss auf den Lippen und die Umarmung vom Nils. Jäh in die Wirklichkeit gerissen, drang die Stimme der Stewardess an ihr Ohr. „Schnallen Sie sich bitte an, wir starten gleich."

Karin hatte gar nicht bemerkt, dass sich die Maschine inzwischen mit den restlichen Fluggästen füllte. Die letzten Staufächer wurden geschlossen, nun begab sich auch das Begleitpersonal auf die Plätze. Das ganze Flugzeug vibrierte, als die Triebwerke angelassen wurden, Augenblicke später setzte es sich in Bewegung.

„Gott sei Dank, jetzt geht es endlich los. Das ist mein erster Flug, und ich habe so ein komisches Gefühl. Ich muss immer an die vielen Abstürze denken." Karin drehte sich zu ihrer Nachbarin um, die mit kreidebleichem Gesicht am ganzen Körper zitterte. Auch sie war eine Bogenschützin, hatte sich aber vor lauter Angst auf ihrem Sitz ganz klein gemacht.

„Das geht vielen so, die zum ersten Mal fliegen, aber so schlimm ist das gar nicht." Karin versuchte, die Frau zu beruhigen, die sie bisher nur kurz gesehen hatte. „Ich heiße übrigens Karin. Ich bin aus einem kleinen Ort in Norddeutschland."

„Ich heiße Veronika. Ich bin aus Bayern und wohne in der Nähe der österreichischen Grenze. Ich bin erst seit Kurzem in der Nationalmannschaft. Oh Gott, oh Gott …" Weiter kam sie nicht, denn die Maschine wurde plötzlich abgebremst, die Triebwerke auf volle Leistung gebracht. Die Tragflächen wackelten, die Maschine erzitterte und setzte sich schließlich in Bewegung. Angstvoll ergriff Veronika Karins Hand und zerquetschte sie fast. Starr saß sie in ihrem Sitz und blickte mit weit geöffneten Augen stur geradeaus. Karin versuchte so gut es ging zu trösten, aber es war umsonst. Erst als das Flugzeug keinen Bodenkontakt mehr hatte, die Triebwerke nicht mehr so laut dröhnten und die Vibration aufhörte, entspannte sich Veronika ein wenig. „Oh je, das war was, entschuldige bitte", wandte sie sich an Karin.

„Das ist schon in Ordnung, das ist nun mal so, wenn man es vorher noch nicht erlebt hat."

Die Lautsprecher knackten, und die Stimme des Flugkapitäns übertönte das Summen der Klimaanlage. Er begrüßte die Fluggäste und gab Information über die Flughöhe, Reisegeschwindigkeit, voraussichtliche Ankunftszeit in London und bat um Aufmerksamkeit für die Instruktionen der Stewardessen. Da die Maschine über den Ärmelkanal flog, mussten die Passagiere auch in den Umgang mit den Schwimmwesten eingewiesen werden. Veronika wurde immer unruhiger. Endlich war die Belehrung zu Ende. Hastig klingelte sie nach der Stewardess. „Ich muss dringend auf die Toilette."

Das war nun etwas umständlich, denn erst musste der bordeigene Rollstuhl geholt werden, damit musste sich Karin umsetzen. Mit einem zweiten Rolli wurde Veronika zur Toilette gebracht. Schließlich erfolgte die Prozedur in umgekehrter Reihenfolge. Für die nicht behinderten Fluggäste war das eine neue Erfahrung, denn es gab wohl kaum jemanden, der sich ein Leben als Querschnittsgelähmter vorstellen konnte.

Der Flug verlief ruhig, das Wetter war gut. Nach dem Imbiss wurde noch ein Drink gereicht. Karin unterhielt sich sehr angeregt mit ihrer Nachbarin, sie wollte sie von der Landephase ablenken. Das gelang ihr auch, denn plötzlich rief Veronika fast begeistert: „Hoppla, wir haben ja wieder Boden unter den Rädern."

Pünktlich landete das Flugzeug in London-Heathrow. Der Pilot bremste die Maschine mit dem Umkehrschub ab und rollte langsam zum zugewiesenen Standplatz.

Die Athleten mussten noch warten, bis die anderen Fluggäste die Maschine verlassen hatten, dann wurden auch sie zum Flughafengebäude geleitet. Die Organisatoren vom IPC empfingen die Ankömmlinge und kümmerten sich um alles Weitere. Die Athleten und ihre Begleiter wurden zu einem Reisebus geführt. Es dauerte eine ganze Zeit, bis auch das Gepäck verstaut war und die Weiterfahrt begann. Das Ziel war das Sportzentrum in Stoke Mandeville, einem Ort nordwestlich von London. Endlich, es begann schon leicht zu dämmern, konnten alle ihre Zimmer aufsuchen und langsam zur Ruhe kommen. Vorher jedoch wurden alle verfügbaren Telefone umlagert, denn die Lieben zu Hause wollten schließlich wissen, ob es alle gut gegangen war. Karin hatte Glück. Mit ihrem Handy kam sie schnell durch und sprach erst mit ihrem Mann und unendlich lange mit Nils.

„Ja, ich habe das Maskottchen immer dabei, aber nun schlaf schön, mein Schatz, und mach der Oma keinen Kummer."

Müde von der anstrengenden Reise streckte sich Karin auf ihrem Bett lang aus, doch schlafen konnte sie nicht. Den ganzen Tag über hatte sie schon leichte Kopfschmerzen gehabt, aber nun wurden sie fast unerträglich. Sie kramte aus ihrem Rucksack die Medikamentenbox hervor und nahm zwei Tabletten. Spät in der Nacht schlief sie endlich ein, und als am Morgen der Wecker klingelte, fühlte sie sich wie gerädert. Sie schickte nach dem Betreuer. Es dauerte nicht lange und ein Arzt hatte sie untersucht. Zwei Tage Bettruhe und ein entsprechend starkes Präparat sollten sie wieder auf die Beine bringen. Niedergeschlagen kroch sie unter das Deckbett und trauerte dem verlorenen Training nach.

Für die anderen deutschen Teilnehmer begann am Tag nach der Anreise sogleich das offizielle Training. Es war einer Generalprobe gleich. Dazu gehörte auch die ordnungsgemäße Bekleidung. Sie bestand aus einer schwarzen Hose und einem weißen T-Shirt. Auch wurde die Ausrüstung überprüft, ob alles vollständig mitgekommen war. Dann gab es Anweisungen, wie der Wettkampf ablaufen sollte. Nach stundenlangem Proben wusste endlich jeder, was zu tun war. Der Nachmittag stand nun jedem zur freien Verfügung. Veronika, die sich mit Karin das Zimmer teilte, berichtete vom offiziellen Teil. Sie war von Karins Zustand betroffen. Nun lag es an ihr, zu trösten, und Karin war dankbar dafür. Sie hatten sich viel zu erzählen, und ehe sie sich versahen, war es schon wieder Schlafenszeit.

Für die nächsten drei Tage war freies Training angesetzt. Die starken Medikamente zeigten ihre Wirkung, so setzte sich Karin über die Anordnung des Arztes hinweg und nahm ihren Bogen zur Hand.

„Ich bin hier zur Weltmeisterschaft gefahren und nicht ins Krankenbett, also los jetzt! Ihr Pfeile, sucht und findet euer Ziel!", sagte Karin zu sich, schwang sich in ihren Rolli und begab sich auf den Trainingsplatz, obwohl Veronika versuchte, sie daran zu hindern. Wie erwartet, fielen die Ergebnisse nicht so gut aus, denn mancher Pfeil verirrte sich und landete nicht auf dem für ihn bestimmten Platz. Plötzlich wurde ihr Rollstuhl unsanft in Bewegung gesetzt und sie selbst mit einer Standpauke vom Physiotherapeuten in ihr Zimmer gerollt. Also weiterhin Bettruhe und das Versprechen, so etwas nicht noch einmal zu tun. Enttäuscht, murrend und niedergeschlagen verkroch sie sich wieder unter das Deckbett und wollte niemanden sehen und hören. Am nächsten Morgen sah der Arzt nach seiner Patientin und freute sich über den Erfolg seiner Behandlung. Karin ging es deutlich besser. Der Schlaf der letzten Nacht hatte ihr gutgetan. Bis zum Beginn des Wettkampfes konnte sie nun doch noch ein wenig trainieren, aber nur unter Aufsicht. Eine große Stütze war für sie Veronika, die nun nicht mehr von ihrer Seite wich, und damit bahnte sich eine neue Freundschaft an. Den Rückstand konnte Karin nicht aufholen, aber sie war auf dem besten Wege, ihre alte Form zu erreichen.

Gesundheitlich ging es ihr so einigermaßen, dank der starken Medikamente. Voller Abenteuerlust fuhren sie und Veronika nachmittags mit dem Bus nach Aylesbury. Als Rollstuhlfahrer hatten sie in England keinerlei Probleme. Behinderte gehörten ganz einfach zum Stadtbild dazu. Kamen sie aus eigener Kraft nicht weiter, dann fand sich immer jemand, der half, zumal in der einschlägigen Presse ständig ausführlich über die Weltmeisterschaft der Bogenschützen berichtet wurde. Es konnte sich niemand dem internationalen Flair entziehen.

Aylesbury gehört seit 1889 zu Buckinghamshire und wurde bereits im Jahre 571 erstmals erwähnt. Bis heute entwickelte sich der Ort zu einer Kleinstadt mit über 10.000 Einwohnern. Der erste Anziehungspunkt war für Karin und Veronika die St. Mary's Church aus dem 13. Jahrhundert. Die strenggläubige Veronika ließ es sich nicht nehmen, vor dem Altar in ein stilles Gebet zu versinken. Karin hingegen bewunderte die normannischen Baureste und versuchte, sich das Leben der damaligen Zeit vorzustellen. Sehenswert waren natürlich auch die vielen kleinen Häuser aus dem 17. und 18. Jahrhundert. Am interessantesten fanden sie aber den Bummel durch die kleinen und großen Geschäfte immer auf der Suche nach modischen Accessoires oder Mitbringsel für die Lieben zu Hause.

Schnell waren die drei Tage des freien Trainings vorüber, zumal sich die Athleten, egal welcher Nation sie angehörten, immer irgendwo und irgendwann trafen und Erfahrungen austauschten oder aber einfach nur von sich und ihrem Heimatland erzählten. Die folgenden sechs Wettkampftage begannen mit der Eröffnungsfeier, wie bei einer Olympiade, nur etwas kleiner. Die Zuschauertribünen waren voll besetzt, als die Athleten und Funktionäre einmarschierten. Der Präsident des IPC hielt eine kurze Ansprache und eröffnete die Veranstaltung. Es folgten noch einige wichtige Ansprachen und anschließend ein Showteil. Karin war von der Vorstellung sehr ergriffen, denn sie erlebte alles zum ersten Mal live. Ungehindert ließ sie ihren Emotionen freien Lauf und verbrauchte päckchenweise Taschentücher. Es war schon dunkel, als die Feier ausklang, doch alles wirkte noch lange nach.

Am nächsten Tag fand die Qualifikationsrunde statt. Hier wurde die Platzverteilung der einzelnen Schützen ermittelt. Karin lag gut im Rennen, aber die angeschlagene Gesundheit machte ihr doch zu schaffen. Zügig flogen die Pfeile und steckten teilweise tief in den Scheiben. Die Organisatoren waren sehr zufrieden und man war im Zeitplan, zumal auch der Wettergott ein Einsehen mit der Veranstaltung hatte. Der für England vorhergesagte Regen blieb aus. Schließlich folgte die Finalrunde. Jeder Athlet musste nun 18 Pfeile ins Ziel bringen. Pfeil um Pfeil ein guter Treffer, und Karin war wieder eine Runde weiter. So verging das Sechzehntelfinale und das Achtelfinale. Karin machte sich Mut, telefonierte lange mit ihrem Mann, der ihr die Daumen drückte. Todmüde fiel sie am Abend ins Bett. Am nächsten Tag musste sie fit sein. Sie, eine von nur noch acht Teilnehmerinnen.

Karin konzentrierte sich ganz auf das Viertelfinale, sie dachte nicht an ihre Krankheit, nicht an zu Hause, sie drückte ihr Maskottchen und wünschte sich viel Glück. Der Bogen lag wie gewohnt fest in ihrer Hand, der Pfeil war eingelegt, die Sehne gespannt, das Ziel anvisiert und „ssssst". Der Pfeil landete im Zentrum. Nur noch 17 anstrengende Pfeile. Höchste Konzentration. Endlich steckte der letzte Pfeil in der Scheibe. Sie hatte ein gutes Gefühl, ihre Anspannung ließ langsam nach. Wie waren die anderen? Kam sie wieder eine Runde weiter? Ihre Neugier verstärkte sich bei den letzten Athletinnen. Vier kamen weiter, und Karin?

Gespannt lauschte sie den Ansagen. Ihr Name wurde nicht aufgerufen sie war leider nicht mit dabei! Nur knapp hatte sie die nötige Punktzahl verfehlt! Im ersten Augenblick zerdrückte sie vor Enttäuschung eine dicke Träne, aber als ein realistisch denkender Mensch konnte sie mit der Situation umgehen. Eine von den acht besten Bogenschützinnen der Welt zu sein, was war das für eine Leistung! Zu Recht konnte sie auf sich stolz sein und den Rest der Veranstaltung nun ganz locker angehen lassen.

Wo war eigentlich ihre neue Freundin Veronika? Karin fand sie im Zimmer. Sie war schon früher ausgeschieden und schämte sich wegen ihrer Leistung. Karin nahm sie, so gut es ging, tröstend in den Arm. „Das war doch toll, dass du so weit gekommen bist! Hier sind die Besten am Start, und du bist dabei!"

„Ja", antwortete Veronika, „aber ich wollte doch eine Medaille mit nach Hause bringen. Das erwarten sie dort von mir."

„Das ist doch Blödsinn, dabei sein ist alles! Daran musst du denken. Die Medaille liegt vielleicht nachher in der Schublade, aber das Erlebte bleibt dir immer in Erinnerung."

Am letzten Wettkampftag fand das Mannschaftsfinale statt. Zu jeder Mannschaft gehörten drei Schützen. Leider verpasste die deutsche Gruppe die Medaillen, die anderen Nationen waren einfach stärker. Am späten Nachmittag fand die ersehnte Siegerehrung statt und anschließend wurden wieder Reden von wichtigen Leuten gehalten. Schließlich erklärte der Präsident des IPC die Weltmeisterschaft für beendet. Für den folgenden Showteil der Abschlussfeier hatten sich die Organisatoren moderne Darbietungen ausgedacht und als krönenden Abschluss ein riesiges Feuerwerk gezündet.

Die meisten Teilnehmer suchten danach ihre Zimmer auf. Plötzlich klopfte es an Karins Tür. Sie öffnete und staunte über das bunte Bild, welches sich ihr bot. Sportler unterschiedlichster Nationen rollten mit ihren fahrbaren Untersätzen lärmend durch die Gänge, den Lichthof, ja, durch die ganze Anlage.

„Kommt, lasst uns einen trinken, der Stress ist vorbei!“

„Das glaub ich einfach nicht!“, rief Karin ihrer Freundin zu, „komm, lass uns mitmachen und hier nicht Trübsal blasen!“

Die beiden schlossen sich fröhlich der lauten Gesellschaft an. Warum auch nicht, in dieser besonderen Nacht.

Am nächsten Tag wurden hastig Adressen ausgetauscht, denn viele reisten schon früh ab. Doch für die deutschen Sportler war noch ein Ruhetag eingeplant. So machten sich Karin, Veronika und einige andere auf den Weg, um ihr letztes Geld in Aylesbury beim Shopping auszugeben. Schließlich mussten auch sie die Heimreise antreten.

Auf dem Frankfurter Flughafen wurden die Athleten von den angereisten Angehörigen stürmisch begrüßt. Die Presse war vertreten, viele Reporter versuchten, ein Interview zu bekommen, was bei dem Gewusel fast unmöglich war. Für Karin und Veronika hieß es nun, Abschied zu nehmen. Sie mussten getrennt weiterreisen und winkten sich noch lange gegenseitig zu. Um das Gepäck und die Ausrüstung brauchte sich Karin nicht zu kümmern, sie wurden ihr nach Hause geschickt. So war es für sie ganz angenehm, nur den Rucksack bei sich zu haben, zumal sie noch eine Strecke mit der Bahn fahren musste. Von unterwegs rief sie Uwe an, der sie mit Nils, Bingo und einem riesigen Blumenstrauß vom Bahnhof abholte. Die größte Wiedersehensfreude zeigte aber der Hund. Er bellte und gebärdete sich wie ein Wilder. Immer wieder sprang er übermütig an Karin hoch, landete auf ihrem Schoß, rutschte herunter, drehte sich im Kreis und wedelte mit dem Schwanz, dass es eine Freude war, ihm zuzusehen. In seiner Ausgelassenheit war er kaum zu bändigen. Uwe und Nils kamen dadurch gar nicht so richtig dazu, die Heimkehrerin gebührend in den Arm zu nehmen.

Kaum war Karin zu Hause, kam der Zusammenbruch durch ihren erschöpften Zustand. Der herbeigeeilte Arzt diagnostizierte eine verschleppte Grippe. Die verordneten Medikamente und die absolute Ruhe brachten Karin erst nach Tagen endlich wieder auf die Beine.

Die örtliche Presse rückte nun mit Reportern und Fotografen an. Immer und immer wieder musste sie ihre Erlebnisse schildern und wurde in allen möglichen Posen fotografiert, die ihre sportlichen Aktivitäten zum Ausdruck brachten. Das Gepäck war in der Zwischenzeit endlich eingetroffen, sodass der „Ausflug" nach England nun seinen Abschluss fand. Jetzt erst begann Karin, die Ereignisse richtig zu verarbeiten. Ihre Krankheit zu Beginn sowie der Trainingsrückstand waren natürlich schade, eben Pech. So etwas konnte immer passieren, trotzdem ärgerte sie sich, dass sie mit ihrer Ringzahl nur knapp unterlegen war. Uwe tröstete sie und gab ihr zu bedenken, was sie eigentlich erreicht hatte. Als Rollstuhlfahrerin an der Weltmeisterschaft im Bogenschießen teilzunehmen und unter den zehn Besten der Welt zu sein, diese Leistung war ja kaum noch zu überbieten.

Konzentriert absolvierte sie nun wieder nach einem strengen Trainingsplan ihre Übungen an den Geräten, im Pool und mit Pfeil und Bogen. All ihre Aktivitäten waren auf die Europameisterschaft im Februar des nächsten Jahres in Belgien ausgerichtet. Uwe unterstützte seine Frau, wo er nur konnte, damit ihre Disziplin und ihr hartes Training schließlich belohnt werden sollte.

Endlich war es so weit. Karin fühlte sich fit wie nie zuvor und konnte es kaum erwarten, gegen die anderen Bogenschützen anzutreten. Aus Deutschland waren zwölf Athleten gemeldet, dazu noch Trainer, Physiotherapeut, Betreuer und Teammanager. Die Anreise nach Zandhoven war jedem selbst überlassen. Die

Mehrzahl fuhr dann auch mit dem eigenen Auto, wobei sich aus versicherungstechnischen Gründen Fahrgemeinschaften bildeten, oder die jeweiligen Partner mitfuhren. Das frühere Kranken- und Pflegeheim in Zandhoven war zu einem Sportzentrum umgebaut worden. Es standen Zweibettzimmer zur Verfügung und alles war rollstuhlgerecht gestaltet. Die Wettkampfstätte, eine große Halle, befand sich innerhalb der Anlage, sodass die Voraussetzungen nicht besser sein konnten.

Das Eröffnungsprogramm ähnelte dem der Weltmeisterschaft, es war nur nicht ganz so aufwendig. Von zugewiesenen Plätzen wurde bei einer Distanz von 18 Metern aus geschossen. Am Ende dieser Wettkampftage errang Karin in der Kategorie der Rollstuhlfahrer mit sage und schreibe 1050 Ringen den Sieg. Damit war sie Europameisterin! Das war einfach fantastisch und ein Motivationsschub sondergleichen! Endlich zahlte sich ihre ganze Mühe aus. Überglücklich rannen ihr bei der Siegerehrung Freudentränen über die Wangen, aber das störte sie in keiner Weise, denn bei diesem Wettbewerb passte einfach alles. Während der Wettkämpfe wurden auch Kontakte zu anderen Nationen ausgiebig gepflegt, da es ja immer wieder freie Zeiten gab. Auf diese Weise verband der Sport Menschen unterschiedlichster Nationen und sorgte so für ein besseres Verstehen miteinander.

Zu Hause angekommen stürmten die Reporter wieder auf Karin ein, denn es war ja schließlich ein herausragendes Ereignis, über das unbedingt berichtet werden musste. Auf die Frage eines Reporters, warum sie diese Strapazen auf sich nehmen würde, antwortete sie ausführlich entsprechend ihrer Einstellung: „Ich betreibe aktiv den Behindertensport, weil ich damit auch für andere Behinderte ein Zeichen setzen will, den Mut aufzubringen, etwas für sich und für den funktionierenden Rest ihres Körpers zu tun. Bedauerlicherweise ist die Lobby für diesen Sport noch zu gering, und so müssen die meisten Gelder von den Aktiven selbst aufgebracht werden. So mancher gute Sportler kann dadurch nicht mehr mithalten. Das ist sehr schade, denn gerade die körperliche Aktivität beeinflusst Körper und Geist positiv." Das klang überzeugend und logisch.

Endlich trat bei Familie Wagner wieder Ruhe ein, aber die sollte nicht lange anhalten. Nils kam zur Schule. Für ihn begann nun ein neuer Lebensabschnitt, denn er konnte nicht mehr, so wie er wollte, in den Tag hineinleben und spielen. Nun hieß es, zu einer festgesetzten Uhrzeit an einem bestimmten Ort zu sein und tun zu müssen, was nicht immer Spaß machte. Doch am Tage der Einschulung nach den Sommerferien dachte er noch nicht daran, alles war neu und interessant. Die Kinder wurden von ihren Eltern schon am Morgen zu einem gemeinsamen Gottesdienst begleitet. Für kurze Zeit stand auch Karin im Mittelpunkt des allgemeinen Interesses, denn auch jetzt gratulierten ihr noch viele Leute zum Sieg der Europameisterschaft. Nach dem Gottesdienst ging es gemeinsam zur Schule. Feierlich begrüßte der Schulleiter die ABC-Schützen und stellte die Lehrerinnen und Lehrer vor. Nach einigen organisatorischen Hinweisen wurden die Klassen eingeteilt und vom jeweiligen Lehrer übernommen. Nun erfolgte ein Erstunterricht, den bald die schrille Schulklingel beendete. Endlich konnte die zweite Grundschulklasse den von ihr vorbereiteten Imbiss anreichen. Mit großem Eifer hatten die Kinder Brötchen belegt und beim Kuchenbacken geholfen. Dazu gab es Kaffee und natürlich auch verschiedene Kaltgetränke. Voller Stolz zeigten sich die Erstklässler gegenseitig den Inhalt ihrer Schultüten. Was kam da nicht alles zum Vorschein. An erster Stelle standen die Süßigkeiten, gefolgt von den verschiedensten Utensilien, die nun mal ein Schulanfänger benötigte. Die Schulleitung hatte sich noch eine kleine Überraschung einfallen lassen, nämlich ein Blumenspalier vom Haupteingang des Gebäudes bis zum Eingangstor des Schulhofes. Außerdem bekam jedes Kind zum Abschied noch einen kleinen Blumenstrauß überreicht. In den Gaststätten der ganzen Umgebung waren Tische bestellt. Das gemeinsame Mittagessen mit den Verwandten und Freunden bildete nicht nur den Abschluss dieses schönen Vormittags, sondern war noch eine gute Gelegenheit, Geschenke zu überreichen. Am Ende war Nils so überwältigt, dass er nicht mehr wusste, was er sagen sollte.

Karin hatte manchmal den Eindruck, dass sich der Freundeskreis ihres Sohnes von Tag zu Tag erweiterte. Es kam schon öfter vor, dass eine fast unübersehbare Kinderschar am Nachmittag im Haus und Garten herumtollte. Aus Sicherheitsgründen trainierte sie ausschließlich während des Vormittags, wenn sie alleine war, mit Pfeil und Bogen. Bingo hatte sich ja seit Langem daran gewöhnt, das Weite zu suchen, wenn die Pfeile in die Scheibe flogen. Dann lag er still in einer sicheren Ecke und hatte alles im Blickfeld. Er wusste ganz genau, dass am Nachmittag der Trubel von Neuem losging. Jetzt zahlte sich die Wahl ihrer Sportart für Karin aus. Was hatte damals die Schwester Gabi gesagt?

„Du packst das schon, und trainiere fleißig weiter, denn aus dir wird noch was."

Nun war sie Europameisterin, hatte eine sichere Hand und eine sehr gute Kondition. Ein kühner Traum erwachte. Ob sie wohl auch bei den Paralympics in Sydney dabei sein könnte? Die Qualifikationsergebnisse dafür mussten rechtzeitig beim Internationalen Paralympischen Komitee IPC eingereicht werden. Auch Karin war gemeldet worden. Ende Juni 99 erfolgte die Nominierung durch den Deutschen Behinderten Sportverband, DBS. Von da an begann für sie eine Zeit des Bangens und Hoffens. Ende Januar 2000 wurde die Weltrangliste geschlossen und die Quotenplätze an die teilnehmenden Länder vergeben. War Karin wohl auch dabei?

In der Zwischenzeit versuchte sie, ihr Leben so normal wie möglich zu gestalten. Doch das gelang ihr nicht immer. Besonders dann, wenn sie in die Stadt fuhr, um ihre Besorgungen zu machen. Häufig wurde sie von fremden Leuten angesprochen. „Sind Sie nicht die, die mit Pfeil und Bogen? … Das finde ich ja ganz toll … Sie im Rollstuhl und dann diese Leistung" usw. Das war Karin manchmal schon ein bisschen viel und sie mochte am liebsten gar nichts mehr hören. Sie fühlte sich zu sehr der Öffentlichkeit ausgesetzt. Das musste sie irgendwie versuchen, zu verkraften. Umso mehr freute sie sich darüber, wenn sie ihre Freundinnen treffen konnte. Dann wurde nicht über den Sport geredet, sondern über Küche, Kinder und alle möglichen Familienangelegenheiten. Für Karin eine Art Kontrast, der ihr half, sich zu entspannen.

Nils verwöhnte Bingo regelrecht, und sie waren unzertrennlich geworden. Das ging so weit, dass der Hund fast vor Kummer jaulte, wenn er Nils mal nirgends finden konnte. War die Schule zu Ende und der Junge kam nach Hause, gebärdete sich Bingo ganz wild und beruhigte sich erst, wenn er seine Streicheleinheiten bekommen hatte. Dadurch war Karin weitgehend entlastet und konnte sich auf ihr Training konzentrieren. Für sie stand nun Australien ganz oben auf der Liste. Sie ließ sich auch nicht von teilweise dummen Bemerkungen einiger Vereinsmitglieder der BSG beeinflussen, die im Grunde wohl nur neidisch auf Karins Leistungen waren.

„So langsam müsste ich aber Post vom DBS bekommen. Wir müssen ja noch etliches vorbereiten", sagte Karin eines Tages zu ihrem Mann. „Oder sie schicken eine Absage, dann sollten sie es aber bald tun und nicht so lange warten."

„Nun werde nicht nervös, mein Schatz, die melden sich schon früh genug!", beruhigte Uwe seine Frau.

Gespannt schaute Karin jeden Tag in den Briefkasten, denn ihr ganzes Denken drehte sich nur noch um Sydney. Sie hatte sich ja schließlich über die Weltrangliste qualifiziert. Eines schönen Tages hielt sie endlich den großen Umschlag mit den kompletten Teilnehmerunterlagen in den Händen. Sie durfte mit nach Sydney fliegen, zu den Wettkämpfen, die bisher fast parallel zu den Olympischen Spielen abgehalten wurden. Was sie kaum zu hoffen gewagt hatte, ging nun in Erfüllung. Bis dahin waren aber noch eine Menge Vorbereitungen zu treffen, denn die Zeit bis zum Abflug verging viel zu schnell. Nils wollte ganz genau wissen, wo denn seine Mama hinflog. Er gab keine Ruhe, bis Uwe das Lexikon aus dem Schrank holte und es ihm erklärte. „Australien liegt auf der Südhalbkugel der Erde fast gegenüber von Europa", begann er seinen kleinen Vortrag. „Als erster landete der Engländer James Cook 1770 auf dem kleinsten Kontinent der Erde in der Nähe des heutigen Sydney. Die Bucht nannte er wegen des Pflanzenreichtums Botany Bay. Während der Weiterfahrt lief sein Schiff auf eine Korallenbank auf und wurde schwer beschädigt. Erst nach mehrmonatiger Instandsetzung konnte es wieder flottgemacht werden. In dieser Zeit streifte der Kapitän mit seinen Männern durch das Hinterland und war von der Landschaft begeistert. Die Berge, Wälder und Wiesen erinnerten ihn an seine Heimat, und als er am 23. August 1770 die gesamte Ostküste Australiens für die britische Krone in Besitz nahm, nannte er den Bereich New South Wales."

Nils hörte gespannt zu, und auch Karin unterbrach ihre Vorbereitungen, um zu lauschen.

„Die Engländer suchten neue Wälder, die das Bauholz für ihre Schiffe lieferten, und außerdem abgelegenes Land, um die vielen Sträflinge sicher zu verwahren." Uwe erzählte weiter, wie Jahre nach der Entdeckung die ersten Gefangenen der britischen Krone den Kontinent betraten und wie sich wohl der Kontakt mit den Ureinwohnern, den Aborigines, gestaltete. Im Laufe der Geschichte wurde aus der einstigen Ortschaft eine Stadt mit rund 3,5 Millionen Einwohnern. Heute ist Sydney die größte Stadt Australiens und gleichzeitig die Hauptstadt des Bundesstaates Neusüdwales. Nach 1793, als die ersten freien Kolonisten das Land besiedelten, bildeten sich sechs englische Kolonien, die sich schließlich am 1. 1. 1901 zu einem Bundesstaat zusammenschlossen. Damit gehörte Australien zum britischen Empire.

Von den Ureinwohnern Australiens, den Aborigines, gibt es heute nur noch etwa 160 000", führte Uwe weiter aus, „und man versucht, einstiges Unrecht wiedergutzumachen. Sie leben in Reservaten, Missionsstationen oder auf Viehfarmen und gehören zu einer der ältesten Gruppen der Menschheit." Die Neugierde seines Sohnes konnte Uwe kaum stillen, und er beschloss, ein Buch über Australien zu kaufen. Auch Karin bekundete ihr Interesse, aber zurzeit hatte sie andere Dinge zu erledigen.

Vorrangig sollte sie alle Körpermaße von Kopf bis Fuß in eine Liste eintragen, die umgehend zurückgeschickt werden musste. Man hatte sich auf eine gemeinsame Kleiderordnung geeinigt, und das hieß, für jeden Teilnehmer wurde Bekleidung für die Freizeit, für feierliche Anlässe, für den Sport allgemein und für sportspezifische Zwecke genäht, und das für insgesamt 450 Teilnehmer. Das erfolgte nach Weisungen des Innenministeriums. Einige Wochen später wurde Karin benachrichtigt, dass die Kleidung für sie in einer Bundeswehrkaserne bereitlag. Zu ihrer

Überraschung passte alles wie angegossen. Einige hatten nicht so viel Glück, aber vor Ort konnten die Fehler noch korrigiert werden. Der Schnitt und die farbliche Abstimmung von schwarz, weiß und den verschiedensten Grautönen gaben der Kleidung einen besonderen Schick. Ab jetzt musste Karin halbwegs auf ihr Gewicht achten, damit zum Zeitpunkt der Wettkämpfe noch alles passte. Diese Spiele sollten etwas Besonderes werden, und so lag es nahe, einen geeigneten Glücksbringer zu suchen. Einstimmig einigte man sich auf einen Koala Bären, der für einen reichen Medaillensegen sorgen sollte.

Bis zum Abflug war noch Zeit, aber Karin wurde immer nervöser. Dazu trugen auch die Medien bei, denn einige Magazine schickten Journalisten, und auch das Fernsehen drehte mehrere kurze Berichte für das regionale Abendprogramm. Eine Rollstuhlfahrerin aus einem kleinen Dorf als Teilnehmerin bei den Paralympics, das war schon ein erwähnenswertes Ereignis. Nicht nur Uwe wurde von seinen Arbeitskollegen immer wieder angesprochen, auch Nils musste in der Schule berichten, wie es seiner Mutter erging. Karin versuchte, sich allerdings nicht so sehr von allem beeinflussen zu lassen, und spulte ihr Trainingsprogramm ab. Den Pool, die Fitnessgeräte und die häusliche Schießbahn nutzte sie fleißig, um ihre sichere Hand und die ausgezeichnete Kondition zu erhalten. Eigentlich konnte bei diesen Vorbereitungen nichts schiefgehen, und Karin sah dem Reisetag mit Gelassenheit entgegen, zumal im September der australische Frühling begann und die Temperaturen erträglich waren. Insgeheim wünschte sie sich natürlich auch etwas Freizeit, um die Schönheit des Landes zu genießen, doch gab sie sich keiner Illusion hin, denn die Hauptsache war Sport, Sport und nochmals Sport!

9. Kapitel

Endlich war es so weit, für Karin begann am 9. Oktober 2000 ihr bisher größtes Abenteuer. Sie kannte es ja schon von der Reise nach England, denn auch diesmal trafen sich die Teilnehmer auf dem internationalen Flughafen in Frankfurt. Sie freute sich riesig, als bekannte Gesichter auftauchten, mit denen sie schon manches Turnier bestritten hatte. So gab es natürlich viel zu erzählen.

Auch bei diesem Flug wurden erst die Rollifahrer zu ihren Plätzen gebracht. Dann füllte sich der Airbus mit den restlichen Fluggästen. Äußerst angenehm war der Umstand, dass es an Bord Toiletten für Behinderte gab. Zügig rollte die Maschine zur Startbahn, beschleunigte und hob schließlich die Nase in den Himmel. Nun lagen zwölf Stunden Flugzeit bis Hongkong vor den Passagieren, die jedoch immer wieder durch Mahlzeiten, Getränke, Filme usw. abgelenkt wurden. Trotzdem hatte Karin das Gefühl, dass sich die Zeiger der Uhr nur widerwillig weiterbewegten. Endlich konnte sie aufatmen, als das Flugzeug in Hongkong zur Landung ansetzte. Zur Freude der Sportler waren nun 17 Stunden Aufenthalt mit einem kleinen Programm vorgesehen.

Die geplante Stadtrundfahrt durch Hongkong bei 30 °C erwies sich allerdings als Tortur, denn es standen „nur" normale Reisebusse, allerdings mit Klimaanlage, zur Verfügung. So dauerte es fast eine ganze Stunde, bis die Teilnehmer ihre Plätze eingenommen hatten und die Rollstühle verstaut waren. Manch einer war gar nicht erst mitgekommen und hatte es sich in den bereitgestellten Tageszimmern im Flughafenhotel gemütlich gemacht. Das war wohl die bessere Alternative. Ziemlich rasant führte die Rundfahrt zu einigen Sehenswürdigkeiten, doch man verzichtete auf das Aus- und Einsteigen, denn das dauerte viel zu lange. Schließlich quälten sich die Fahrer wieder durch den chinesischen Straßenverkehr zurück zum Flughafen, und Karin war letztendlich froh, dass sie sich noch einige Stunden ausruhen konnte. Zum Weiterflug nach Sydney fanden sich gegen Mitternacht alle Teilnehmer pünktlich ein, und wieder hieß es neun Stunden sitzen.

Wer am Fenster saß, hatte im Morgengrauen seine Abwechslung durch den Blick auf die Inseln von Indonesien. Schließlich kam Australien in Sicht. Von weither begrüßte vom Landesinneren Ayers Rock die Ankömmlinge. Bald darauf kam endlich auch der Flughafen in Sicht. Kaum merklich setzte der Airbus auf und rollte bis zum Terminal. Auch hier wurden die Rollifahrer als letzte aus dem Flugzeug geleitet und betreut. Der Empfang gestaltete sich überaus herzlich, ja teilweise überschwänglich. Wie bei der vorausgegangenen Olympiade gaben sich die Australier die größte Mühe, zuvorkommende Gastgeber zu sein, und das gelang ihnen mit Bravour. So verlief das Auschecken und die Fahrt ins paralympische Dorf in der Homebush Bay, ca. 14 km vom Stadtzentrum entfernt, so reibungslos, wie man sich das nur wünschen konnte.

Wie bei den anderen Nationen üblich, hatten auch die deutschen Sponsoren nur für die rund 250 deutschen Athleten in einem Hotelbereich zu einem Empfang eingeladen. Die kleine Feierlichkeit begann mit dem Aufzug der Flaggen, dann sprachen Vertreter vom IPC genauso wie die Landesvertreter einige Worte und wünschten den Aktiven viel Erfolg bei den Wettkämpfen. Eine High-School Band spielte noch einige Stücke zu den angeregten Gesprächen der Teilnehmer, dann war die Feier auch schon wieder zu Ende.

Die Anlage war aus Sicherheitsgründen hermetisch abgeriegelt, dadurch ein wenig gewöhnungsbedürftig, aber nach kurzer Zeit fühlte man sich sicher und ungestört. Die Teilnehmer waren in Häusern untergebracht, die im Durchschnitt sechs Schlafräume für je zwei Personen hatten. Weiterhin gab es zwei Badezimmer, einen Aufenthaltsraum und eine kleine Terrasse. Die Häuser waren großzügig gebaut und für die Personenzahl ausreichend geräumig. Es gab keine Trennung nach Ländern, was wohl auch dazu beitrug, dass allgemein eine harmonische Stimmung vorherrschte und sich das Leben im Dorf äußerst angenehm gestaltete. Jeder Teilnehmer bekam eine Orientierungshilfe über die gesamte Anlage und einen Plan, wo und wann welche Veranstaltungen und sonstige Aktivitäten stattfanden. Das Essenszelt war durchgehend besetzt, so entstanden keine Engpässe und lange Wartezeiten bei der Ausgabe der reichhaltigen internationalen Gerichte.

Alle Sportler und ihre Betreuer gaben sich die größte Mühe, die Politik aus diesem monumentalen Schauspiel herauszulassen. So waren z. B. Israelis und Palästinenser im Dorf recht eng beieinander untergebracht. Spannungen schienen dadurch vorprogrammiert zu sein, denn die meisten Behinderungen waren ja durch die terroristischen Auseinandersetzungen zustande gekommen. Doch beide Nationen bemühten sich, entspannt miteinander umzugehen. Das demonstrierten auch Nord- und Südkorea, die hier gemeinsam auftraten. Norwegen hatte z. B. die Behindertensportverbände aufgelöst und die Behinderten den anderen Sportverbänden angegliedert. Dadurch gab es bei diesem Miteinander mehr Verständnis füreinander, was sich positiv auf alle Beteiligten auswirkte. Ganz anders war es in Australien. Hier wurden Bereiche geschaffen, in denen Behinderte leben, studieren und Sport treiben konnten sowie entsprechend betreut wurden.

Die deutschen Bogenschützen hatten zwangsweise eine nicht eingeplante Freizeit, weil die Ausrüstung erst zwei Tage später eintraf. Andere Athleten belächelten den Vorfall, aber das war den Bogenschützen vollkommen egal. Karin wollte sich etwas Schönes kaufen und machte sich mit ihrer Zimmergenossin auf den Weg in die Stadt. Mit dem Bus war das kein Problem, aber die Zeit verging doch sehr schnell. So erreichten sie das angestrebte Geschäft erst kurz vor Ladenschluss. Der Inhaber wollte schon schließen, aber als er dann erkannte, dass die beiden jungen Frauen Athleten aus Deutschland waren, blieb der Laden offen, und die Wünsche wurden mit großer Herzlichkeit erfüllt. Dieses Verhalten war keineswegs eine Ausnahme. Nicht nur die australischen Betreuer, sondern auch die Bevölkerung stellte sich auf die Bedürfnisse der Behinderten ein und leistete stets Hilfe, wenn es nötig war, ohne jedoch aufdringlich zu sein. Bei diesen Wettkämpfen waren ja keine muskelprotzenden Athleten vertreten, sondern Menschen, deren Körper durch Unfälle, kriegerische Einwirkungen oder von Geburt an mehr oder minder geschädigt waren, denen man deshalb die Leistungsfähigkeiten nicht sofort ansah. Wie selbstverständlich gehörten sie zum Stadtbild, der Verkehr machte ihnen Platz.

Für die Freizeitgestaltung standen im internationalen Bereich verschiedene Shops, eine Spielhalle, der „Surf-Shark", das waren mehrere Computer mit Internet-Zugriff, eine Telefonhalle und natürlich eine kleine Disco zur Verfügung. Diese Angebote wurden eifrig genutzt, denn es war für die meisten ein Bedürfnis, auch internationale Kontakte zu knüpfen bzw. zu pflegen. Zur Eröffnungsfeier wurden die Teilnehmer von den Betreuern mit Bussen zum Stadion gefahren. Alles verlief ohne jede Hektik und war gut durchorganisiert. Leider begann es zu regnen, aber für die Organisatoren war das kein Problem, sie verteilten kurzerhand Regencapes. Schließlich konnte der offizielle Teil beginnen.

Im Stadion befanden sich ca. 100.000 Zuschauer, um der Eröffnungsfeier beizuwohnen. Auf der Showbühne saß Mister J. Jon in seinem Rollstuhl und sang die australische Nationalhymne. Dazu erhoben sich alle Zuschauer von ihren Plätzen, und wer konnte, sang kräftig mit. Fast pünktlich überflog ein Düsenflugzeug das Stadion, der offizielle Teil der Feierlichkeit begann. Durch das Programm, eine Rock-Oper, führte der Moderator Brain Bronon. Darin wurde das Feuer beschrieben, das in den Athleten brannte, die sich vier Jahre lang auf diese Spiele vorbereiteten. Er kündigte als ersten Gesangsstar Melissa an. Die 15-jährige war mit einem Loch im Herzen geboren worden, das nur operiert hatte werden können, nachdem viele Spenden aus der Bevölkerung eingegangen waren. Mit klarer und fester Stimme sang sie das Lied „The world is watching", das fast wie ein nachträgliches Dankeschön erklang. Nach den letzten Takten traten zwei raubeinige Männer auf, die mit Gesang und Mundharmonikaspiel Lagerfeuerromantik verbreiteten. Damit öffneten sie bei den überwiegend einheimischen Zuschauern die Herzen, denn zu den Klängen leuchteten tausende Taschenlampen wie Glühwürmchen.

In der Mitte des Stadions waren Metallplatten horizontal auf Gestellen montiert, zwischen denen Kinder mit Pinsel und Farbe hockten und die Metalloberflächen zum Programm passend lackierten. Für die Zuschauer sah es wie ein aus vielen Pixeln bestehendes Bild aus, das sich immer wieder veränderte. Plötzlich schwebten vier riesige Engel ein, begleitet vom Tanz und Gesang junger Menschen, die fast die ganze Bühne einnahmen. Nach den Engeln folgte ein großes Luftschiff, das von einer Rollstuhlfahrerin „angetrieben" wurde. Sie betätigte mit den Händen eine Kurbel, die über eine Kette große Flügel bewegte. Natürlich hing die Konstruktion an einem Drahtseil und wurde durch die Luft gezogen, aber die Idee war schon bemerkenswert.

Von all dem bekam Karin überhaupt nichts mit, denn die Athleten versammelten sich inzwischen alle im „Super Dome", unweit des Stadions und warteten auf das Zeichen zum Einmarsch. Die Stimmung war recht locker, denn je nach Temperament machte so mancher seine Späße. Die große Unruhe begann bei den Algeriern. Sie formierten sich für den Einzug ins Stadion, der in alphabetischer Reihenfolge erfolgte. Den Schluss machten dann die Athleten des Gastgeberlandes. Das war eine der Abweichungen zu den Olympischen Spielen der Neuzeit. Hier hatte stets Griechenland den Anfang gemacht.

Im Stadion war der Beifall für die letzte Darbietung noch nicht verhallt, da erklangen von der Showbühne schon neue Melodien. Im gleichen Augenblick erschienen zwei Mädchen, die einen großen durchsichtigen Ball, mit Luftballons gefüllt, trugen. Auf diesem stand der Name „Algerien." Damit begann der Einzug der 121 Mannschaften mit über 4000 Athleten, die in den nächsten elf Tagen um insgesamt 570 Medaillen kämpfen würden. Nach den Mädchen folgten der Fahnenträger, dann die Athleten und anschließend die Funktionäre. Das Bild wiederholte sich bei jeder Nation, wobei der Applaus nicht nur bei weltweit geachteten Nationen anschwoll, sondern auch bei den 20 überwiegend kleinen Gruppen, die bei diesen Spielen zum ersten Mal antraten. Hier hatten Spenden und staatliche Unterstützung geholfen, um die kostspieligen Prothesen zu bezahlen, damit die Teilnahme überhaupt erst möglich war. Die einmarschierenden Teilnehmer begaben sich auf die vorgesehenen Plätze in den ersten Reihen vor den Zuschauern, die Fahnenträger wurden gesondert eingewiesen.

Endlich erschienen die deutschen Athleten. Allen voran im Rollstuhl die Basketballerin Heidi Kirste mit der schwarz-rot-goldenen Fahne. Inmitten der Rollstuhlfahrer winkte auch Karin mit ihrem Koala Bären den Zuschauern zu und war von dem Beifall überwältigt. Der wurde ohrenbetäubend, als mehrere Athleten eine an den Seiten zusammengenähte deutsch-australische Flagge entrollten. Die Verbundenheit beider Nationen sollte damit unterstrichen werden.

Großen Beifall bekamen auch die Athleten, die von sich aus eine kleine Show gestalteten, so z. B. ein Sportler aus Turkmenistan, der auf Händen ins Stadion hüpfte, oder andere, die mit oder ohne Rollstuhl artistische Leistungen zeigten. So etwas kam bei den Zuschauern an und wurde mit viel Applaus honoriert. Den Abschluss mit tosendem Beifall bildeten die 277 australischen Sportler. Nun waren alle Mannschaften ins Stadion eingezogen und hatten ihre Plätze eingenommen. Dazu spielten fünf Kapellen verschiedene Stücke aus den fünf Erdteilen. Die Begeisterung auf den Rängen war grenzenlos, manch einer zerdrückte eine kleine Freudenträne.

Die Musik verstummte, der Präsident des Paralympischen Organisationskomitees von Sydney, Dr. John Grant, trat ans Mikrofon. Nach der Begrüßung brachte er unter anderem seine Freude über die reiche Teilnahme zum Ausdruck, versprach, alles zu geben, dass die Spiele reibungslos verlaufen und jedem in guter Erinnerung bleiben sollten. Weiterhin schickte er Willkommensgrüße an die Teilnehmer aus aller Welt und wünschte schließlich viel Freude für diese Spiele. Nach dem Beifall übernahm Dr. Robert Steadward, der Präsident des Internationalen Paralympischen Komitees, das Mikrofon. Er begrüßte die Anwesenden, freute sich über den außerordentlich herzlichen Empfang in

Australien und dankte den vielen freiwilligen Helfern für ihre geleistete Arbeit. Des Weiteren führte er an, dass diese 11. Paralympics einzigartig seien, in die ganze Welt übertragen werden sowie von Gemeinsamkeiten und Fair Play gekennzeichnet sein sollen. Zum Abschluss seiner Ausführungen wünschte er allen Beteiligten viel Glück und Erfolg. Als letzter Redner eröffnete der Generalgouverneur von Australien, Sir William Deane, die 11. Paralympischen Spiele. Der anschließende Beifall wollte nicht aufhören.

Nun trugen zehn uniformierte Männer mit verhaltenem Schritt die IPC-Fahne ins Stadion. Sie zeigte drei große Tropfen auf weißem Tuch. Das Internationale Olympische Komitee hatte dem IPC untersagt, als Symbol die fünf Ringe zu verwenden. Sie waren einzig und allein der Olympiade vorbehalten. Das IPC hatte daraufhin den koreanischen Vorschlag aufgegriffen, drei Tropfen darzustellen, die den Körper, die Seele und den Geist symbolisierten.

Mari London begleitete nun Tracy Cross, eine australische Schwimmerin mit ihrem Blindenhund, zum Mikrofon. Sie sprach mit fester Stimme die Eidesformel.

Darin wird im Namen aller Wettkämpfer gelobt, im wahren sportlichen Geist zum Wohle des Sports und zur Ehre ihrer Mannschaften, die Regeln zu respektieren und zu befolgen. Mari London sprach anschließend den Eid für die Kampfrichter. Nach dem Beifall wurde die Fahne gehisst und die Träger entfernten sich wieder.

„Wo ist das Feuer?" Der englische Naturwissenschaftler Stefan Hawkings, selbst seit Jahrzehnten im Rollstuhl sitzend, wurde auf der riesigen Leinwand eingeblendet und überbrachte die Botschaft: „The fire is within." Das Feuer ist in unseren Herzen, in unserer Seele und in unserem Geist. Lange brauchten die Zuschauer allerdings nicht zu warten, denn die Botschaft klang auch wie ein Stichwort. Die letzten sechs Fackelträger hatten sich in der Stadionrunde aufgestellt und warteten auf ihren Einsatz. Eine Sportlerin erschien mit der brennenden Fackel, dazu erklang der Song: „When the fire is burning." Dieses Feuer kam nicht, wie bei der Olympiade, aus Athen. Bei den Paralympics war es den betreffenden Gastgebern überlassen, wie sie das Feuer entzündeten und anschließend ins Stadion transportierten. Das war ein weiterer Unterschied. Hier, in Australien, war die Flamme von den Aborigines in deren Heiligtum, dem Ayers Rock, auf traditionale Weise entfacht worden und durch 920 Athleten zum Ziel getragen. Als letzte Trägerin war in der Mitte des Stadions die Australierin Louise Sauvage an der Reihe. Sie, die mehrfache Weltmeisterin und Goldmedaillenträgerin im Rollstuhlrennen seit 1992 unbesiegt, war zur Sportlerin des Jahres gewählt worden. Diese Athletin hob die Fackel so hoch sie konnte und senkte sie dann ganz langsam in die Feuerschale. In einem riesigen Feuerball entzündete sich das Gas. Augenblicke später, als die Flamme kleiner wurde, gab es einen Knall und das Feuer „sprang" in die große Schale am Stadionrand über, wo es bis zur Schlussveranstaltung brennen sollte.

Nicht nur für Karin war das ein überwältigender Augenblick, denn diese ganze Zeremonie stellte alles bisher da gewesene in den Schatten. Doch damit war die Feierlichkeit noch nicht zu Ende. Nun traten die Showgrößen Australiens auf und gaben ihr Bestes. Wieder hörte man die Mundharmonika, gepaart mit einem Gedicht, das Australiens way of live beschwor, angefangen mit der Landung von James Cook in der Old Botany Bay. Didgeridoo-Töne und Rockmusik wechselten sich ab, dazu wurden die Metallplatten in der Stadionmitte in Windeseile immer wieder neu lackiert, große aufgeblasene Friedenstauben und andere Tiere zogen ihre Runden, und schließlich erklang die Ballade von einem Vagabunden, der ein Schaf stahl und in einem Tümpel ertrank. Nicht zuletzt sorgte auch die Popikone Kylie Minogue für einen Höhepunkt der emotional geladenen Eröffnungsfeier, und alle waren total begeistert. Besonders die VIPs zollten den australischen Gastgebern in vielen Interviews sehr viel Lob. Doch monierten auch einige kritische Stimmen fehlende behindertengerechte Einrichtungen, wie z. B. Rampen, Wegweiser für Sehbehinderte usw.

Karin war froh, dass sie endlich ins Bett gehen konnte, denn es war nicht nur für sie eine große Anstrengung. Die Feier allein dauerte schon über drei Stunden, und ehe die Busse die Teilnehmer ins Dorf zurückgebracht hatten, verging nochmals eine ganze Zeit. Am nächsten Morgen brauchte jedoch niemand sehr früh aufzustehen, obwohl schon die ersten Wettkämpfe, wie Bahnradfahren, Luftgewehrschießen, Judo, Tischtennis und Rollstuhlbasketball stattfanden.

Die vielen verschiedenen Behinderungsarten und -formen führten zur Auswahl spezifischer Sportdisziplinen, die ein Differenzierungssystem notwendig machten. Aus diesem Grunde wurden für die verschiedenen Sportarten entsprechende Wettkampfklassen eingeführt. Durch sie konnten überhaupt erst Leistungsvergleiche angestellt werden. Ähnliche Gruppen einer Sportart wurden dabei zusammengefasst, was natürlich gleichwertige und spannende Wettkämpfe versprach. Das große angestrebte Ziel war allerdings, möglichst viele aktive Sportler am Wettkampfsport zu beteiligen. Bei diesen 11. Paralympics waren 18 Disziplinen ausgeschrieben, wobei vier, im Gegensatz zu den Olympischen Spielen, zusätzliche aufgenommen wurden.

Die Gewichtheber stemmten ihre Last auf dem Rücken liegend in die Höhe. Bei diesem Bankdrücken wurde der Körper auf der Unterlage festgeschnallt, und Helfer sorgten dafür, dass keine Unfälle passierten. Weiterhin gab es den Wettkampf im Boccia, allerdings ohne deutsche Beteiligung. Hierbei mussten Bälle möglichst dicht an eine weiße Kugel platziert werden. Dabei konnten, je nach Behinderung, entsprechende Hilfsmittel, wie Rampen, Bügel usw., verwendet werden. Die Vertreter der südeuropäischen Staaten blieben hier unter sich. Zu den härteren Mannschaftssportarten gehörten Goalball und Rollstuhl-Rugby. Beim Goalball waren die Spieler blind oder sehbehindert und so auf ihr Gefühl und Gehör angewiesen. Zwei Mannschaften á drei Spieler, die Augenbinden trugen, traten gegeneinander an und mussten versuchen, einen Klingelball in das gegnerische Tor zu bringen. Wer gut hören konnte und reaktionsschnell war, hatte die Nase vorn. Rollstuhl-Rugby wurde früher auch Mörderball genannt, weil er eine Mischung aus Basketball, American Football sowie Schach darstellte. Ein Volleyball musste hinter die gegnerische Torlinie gebracht werden, was aber je vier Spieler der jeweils gegnerischen Mannschaft versuchten zu verhindern. Die Rollstühle waren Spezialanfertigungen und zum Schutz der Athleten rundherum verkleidet. Die deutschen Teilnehmer machten bei den verschiedenen Disziplinen keine schlechte Figur, obwohl es bei dem einen oder anderen noch ziemlich hakte. Für manche bedeutete daher schon die Vorrunde das Ende.

Die Bogenschützen fanden ein perfektes Trainingsfeld im Nordosten des Olympiaparks vor. Hier wurden 26 Scheiben aufgestellt, sodass drei Schützen gleichzeitig schießen konnten. In einem großen Zelt hatten die Sportler Platz, ihre Bögen auf- und abzubauen. Außerdem bot es Schutz vor allzu starker Sonne. Ein weiteres Zelt war für die Mannschaftsbetreuung vorgesehen. Hier gab es neben der medizinischen Versorgung eine Sitzecke mit einem Fernsehgerät. Mit großem Interesse verfolgten die Athleten in ihren Pausen das Geschehen rund um die Paralympics. Außerdem standen Schränke zur Verfügung, in denen das Sportgerät eingeschlossen werden konnte. Für die Mittagszeit stellte die Küche Lunchpakete zusammen, die man in gemütlicher Runde an der Kaffeebar verspeiste. Die Rollstuhlfahrer waren begeistert, denn alle Bereiche waren leicht zu befahren und boten ausreichenden Platz. Karin war recht zuversichtlich, denn bis auf eine leichte Erkältung war sie fit. Die machte ihr aber nicht sehr zu schaffen, und sie absolvierte ihr Programm wie vorgesehen. Die Pfeile schlugen meistens dicht beieinander in die Mitte der Scheibe ein. Jedoch gab es ein Handicap, das waren die Windverhältnisse. Auf einer Distanz von 70 Metern wurde dadurch der Pfeil abgelenkt und traf dann nicht die vorgesehene Stelle. Doch nach den ersten Übungen zeigte sich der Trainer recht zufrieden.

An Freizeitgestaltung dachten die Bogenschützen weniger, denn es galt, mit den gegebenen Bedingungen zurechtzukommen. Fleißig trainierten sie, obwohl manch einer fast verzweifelte, wenn wieder ein Windstoß den Pfeil vom Kurs ablenkte. Auch Karin versuchte, zu tricksen, in Position gehen, den Wind erfühlen, den Vorhaltewinkel verändern, und Schuss.

„Wieder nicht so gut, das gibt es doch nicht", schimpfte sie. Doch den anderen ging das nicht viel besser.

„Hoffentlich haben wir beim Wettkampf besseres Wetter", tröstete der Trainer seine Mannschaft. „Am 20. geht es mit der Vorrunde los, also strengt euch an, zeigt, was ihr könnt!" Das war leichter gesagt als getan, denn es mussten zweimal 36 Pfeile bei einer Distanz von 70 Metern bestmöglich platziert werden.

Mit hohen Erwartungen fanden sich die Teilnehmer am Wettkampftag im Archery Park, der Wettkampfstätte für die Bogenschützen, ein. Hier waren vier Scheiben aufgestellt, sowie Anzeigetafeln und Schaukästen. Rund um diesen großzügig gestalteten Platz konnten die Zuschauer von drei Tribünen aus das ganze Feld übersehen. Nervös hielt Karin ihr Maskottchen in der Hand und dachte: *Jetzt voll auf den Wettkampf konzentrieren, das ist das Allerwichtigste.* Endlich war auch sie an der Reihe. Der erste Pfeil ging fast daneben. Sie hätte sich schon dafür ohrfeigen können. Der nächste war schon besser, aber immer noch nicht optimal. Irgendwie war das wohl nicht ihr Tag. Aber es half nichts, die jeweilige Tagesform zählte, und nur die war entscheidend, sie musste da durch. Endlich steckte der letzte Pfeil in der Scheibe, die Anspannung fiel von ihr ab, doch zufrieden war sie nicht. Erst jetzt registrierte sie, dass die anderen Schützen auch nicht viel bessere Ringzahlen erzielt hatten. Als die Ergebnisse bekannt wurden, konnte Karin ihre Enttäuschung fast nicht verbergen. Die Vorrunde hatte sie überstanden, allerdings als letzte Athletin. Eine dicke Träne kullerte ihr über die Wange. Dann tröstete sie sich aber mit dem olympischen Gedanken, gewinnen ist nicht so wichtig, dabei sein ist alles. Noch war ja nichts verloren.

Am nächsten Tag fand das Finale statt. Wieder konzentrierte sie sich auf den Wettkampf und nahm alle Kraft zusammen. Doch die Wettermeldungen waren nicht sehr ermutigend. Nun kam es darauf an, wer sich am besten auf die Bedingungen einstellen konnte und die 12 Pfeile nach jeweils 70 Metern optimal platzierte. Karin lag gut im Rennen, übernahm sogar die Führung, aber fünf Pfeile lagen noch vor ihr. Jetzt nur keinen Fehler machen und nicht verkrampft sein! Der Bogen war in Position, der Pfeil eingelegt, die Sehne gespannt und – loslassen. Der Pfeil steckte im Scheibenrand. Wie konnte das geschehen? Hatte sie den Bogen verrissen? Nur keine Hektik aufkommen lassen. Sie hatte noch Munition. Trotz größter Mühe gelang es ihr aber nicht mehr, eine hohe Ringzahl zu erreichen. Ihre unmittelbare Gegnerin war nicht viel besser. Aber für Karin reichte es nicht aus, das Match war gelaufen. Niedergeschlagen verließ sie den Platz. Das war nicht ihre Leistung! Für die deutschen Bogenschützinnen lief es insgesamt leider nicht gut. Sie verloren die Einzelwettkämpfe. Der Sieg ging an die Italienerin, gefolgt von Großbritannien und Korea.

Als Trost blieben noch die Mannschaftswettbewerbe. Nach zwei Tagen mieser Stimmung konzentrierten sich alle wieder auf ihr Training.

„So, jetzt will ich was sehen, ihr könnt siegen, zeigt es!" Der Trainer versuchte, seine Mannschaft mit diesen Worten aufzumuntern und anzustacheln, so gut es ging. Auch Karin hatte sich wieder gefangen. Ihre Erkältung war auskuriert, sie fühlte sich der Aufgabe voll gewachsen. Endlich standen die Bogenschützen wieder auf ihren Plätzen im Archery Park. Die Tribünen waren voll besetzt und das Wetter optimal mit ganz wenig Wind. Das Match begann. Volle Konzentration, es ging ums Ganze. Pfeil um Pfeil schickte Karin auf die Reise. Erst durch den tosenden Beifall wurde ihr das Ergebnis bewusst. Sämtliche Pfeile steckten im Zentrum der Scheibe. Wenn sie könnte, dann wäre sie vor lauter Freude in die Luft gesprungen. Hoffentlich würden ihre Mitstreiter ebenso schießen. Aber es sollte nicht sein. Karins hervorragendes Ergebnis konnte den Schnitt nicht hoch genug anheben. Die Mannschaften der anderen Nationen waren einfach besser und die deutschen Damen somit leider aus dem Rennen. Über den Sieg freuten sich die Schützinnen aus Italien sowie Großbritannien und Japan auf den Plätzen zwei und drei. Karin konnte ihre Enttäuschung kaum verbergen, hatte sie doch ihr Bestes gegeben. Der Herrenmannschaft erging es nicht viel besser, auch sie konnten keinerlei Edelmetall erringen.

Nun hatten die Schützen genügend Zeit, sich die anderen Wettkämpfe anzusehen und ihre Landsleute anzufeuern. Außerdem wollten sie sich auch mal in Ruhe in Sydney umschauen, und so machten sie sich in kleinen Gruppen auf den Weg in die

City. Mit ihren Rollstühlen hatten sie keinerlei Schwierigkeiten, selbst nicht beim Benutzen öffentlicher Verkehrsmittel. Schon bei ihrem ersten Ausflug war Karin von der gewaltigen Metropole beeindruckt. Die Gebäude im Zentrum waren von verschiedenen Architekten in modernem Stil mit viel Glas und Aluminium gestaltet. Manche Bauwerke waren bis zu 50 Stockwerke hoch. Rund um eine Bucht breiteten sich die Wohngebiete aus, deren Häuser vornehmlich in Weiß, Hellgrün und Lila gestrichen waren und mit den prächtigen Blumengärten zusammen eine gewisse Fröhlichkeit vermittelten. In dem Naturhafen Port Jackson könnten tausende von Schiffen vor Anker gehen. Hierüber spannte sich in weitem Bogen die Harbour Bridge, welche, genauso wie Sydneys Opernhaus, zu den markantesten Wahrzeichen gehörte. Für Karin und ihre Begleiter war natürlich die Georgstreet am interessantesten, denn hier gab es die vielen Geschäfte und Boutiquen, in denen sie sich einfach nicht sattsehen konnten. Schließlich fanden sie doch noch einige Souvenirs für sich und die Lieben daheim.

Die Wettkämpfe näherten sich ihrem Ende. Manch ein Reporter versuchte, seine Zwischenbilanz auf das Laufende zu bringen. Riesenfreude herrschte natürlich bei den Athleten, die Medaillen gewonnen hatten. Doch gab es auch die vielen, vielen undankbaren vierten Plätze, manchmal nur um hundertstel oder gar eintausendstel Sekunden vom Edelmetall entfernt. Trotz intensiver Vorbereitungen und guter Leistungen waren einige Teilnehmer am Wettkampftag nicht in Hochform, dann gab es dicke Tränen. Die gab es auch, wenn im entscheidenden Augenblick die Technik versagte. Das waren nicht nur die Rollstühle, sondern auch die Hightech-Prothesen oder andere erlaubte Hilfsmittel. Dann zerplatzten die schönsten Träume. Durch die Einteilung in Wettkampfklassen rückten auch die Wertungen der Leistungen dichter zusammen. Die Folge war ein immens hoher Konkurrenzkampf, der dazu führte, dass auch bei diesem Sport das Doping eine Rolle spielte. So gab es auch leider einige, die ihre Medaille wieder abgeben mussten. Ein weiteres Problem für die Athleten waren die unterschiedlichen Trainingsmöglichkeiten in ihren Heimatländern. Während in vielen Staaten die Sportler freigestellt waren und sich ausschließlich auf den Wettkampf vorbereiten konnten, gab es etliche Staaten, in denen die Sportler neben ihrem Beruf trainieren mussten. Dieser Belastung war nicht jeder gewachsen, und so gab es auch in Deutschland Medaillenanwärter, die eben aus diesem Grund vorzeitig aufgaben.

Diese Probleme traten aber im Hinblick auf den Ablauf dieser 11. Spiele in den Hintergrund, denn es gab ja einige herausragende Ereignisse, über die leider zu wenig berichtet wurde. So bekam schon beim Einzug der Athleten aus Turkmenistan einer, der auf Händen ins Stadion hüpfte, großen Beifall. Von ihm sollten alle noch einmal etwas zu sehen bekommen. Dann gab es einen Mann aus Osttimor, der nach dem Marathonlauf als Letzter ins Stadion einlief. Bei seiner Ehrenrunde verließ er allerdings die Bahn, um dem Sieger zu gratulieren. Das wurde vom Reglement geahndet, und ein Ordner stoppte schließlich seinen fortgesetzten Lauf. Daraufhin hagelte es großen Zuschauerprotest und für den spastisch gelähmten Athleten gab es einen Riesenapplaus sowie einen Blumenstrauß als kleines Trostpflaster. Ein Schwimmer aus Chile, kaum größer als sein Fahrrad, das er zur Fortbewegung brauchte, hatte nur ein Bein und Missbildungen an beiden Armen. Für ihn bestand keine Chance, eine Medaille zu erreichen, aber durch sein vorbildliches Auftreten in der Öffentlichkeit machte er als Botschafter des Behindertensports seinem Land alle Ehre. Je nach Behinderung benötigten Athleten auch eine Begleitperson. So auch ein blinder Läufer aus Kenia. Der Begleiter sollte seinen Schützling sicher über die Ziellinie bringen, aber diesem versagten kurz vorher die Kräfte. Doch der Athlet gab nicht auf und riss seinen Begleiter mit, bis er schließlich hinter dem Ziel zusammenbrach.

Der letzte Wettkampftag war geprägt vom Rollstuhl-Marathon. Erfreulicherweise konnten bei dieser Disziplin für Deutschland einmal Silber und einmal Bronze vergeben werden. Insgesamt sah es gar nicht so schlecht aus. Die hohen deutschen Erwartungen konnten zwar nicht erfüllt werden, doch mit 16 Mal Gold, 41 Mal Silber und 38 Bronzemedaillen lagen die angetretenen Athleten immerhin noch auf dem zehnten Platz. So mancher hätte gerne mehr erreicht, aber unter den bekannten Umständen sollte es halt nicht sein. So stand schließlich nach den überwundenen Enttäuschungen für alle der olympische Gedanke im Vordergrund!

Die Wettkämpfe waren vorüber, teilweise stand schon das Gepäck bereit. Doch alle teilnehmenden Nationen sollten sich noch einmal zu einer Abschlussfeier einfinden. Die Organisatoren versprachen, dass mit diesem Abschluss die 11. Paralympics bei allen Athleten in bester Erinnerung bleiben sollten.

10. Kapitel

Wieder hatte sich das Stadion bis auf den letzten Platz gefüllt, und wieder erklang die australische Nationalhymne, aber dieses Mal von einer Rollstuhlfahrerin gesungen. Als die Musik verhallte, wurde es ganz still auf den Rängen, denn jeder war gespannt, was nun folgen würde. Der bereits bekannte Athlet aus Turkmenistan, er zog wieder, wie schon bei der Eröffnungsfeier, alle Blicke auf sich, betrat mit seinen zwei Gehhilfen die Arena. Mit festem Schritt und immer wieder mit einer Gehhilfe winkend, begab er sich in die Mitte des Stadions. Dort stand auf einem kleinen Podium ein Sessel für ihn bereit. Erst als der Beifall etwas abflaute, nahm er seinen Platz ein und griff nach einer Fernbedienung. Beim Druck auf eine der Tasten startete ein gewaltiges Feuerwerk. Es waren keine großartigen Raketen, die in den Himmel aufstiegen, sondern feurige Säulen, die rings um die Rasenfläche des Stadions verteilt, abbrannten. Damit begann der offizielle Teil der Abschlussfeier der 11. Paralympics 2000 in Sydney.

Plötzlich tauchten „Rennmaschinen" auf. Es waren dreirädrige Gefährte, die mit Handkurbeln und Kettenübertragung vorwärtsbewegt wurden. Sie erreichten bis zu 45 km/h und jagten über die Aschenbahn des Stadions. Als nächstes erklang der Song „Being here", dabei sein ist alles. Dazu zeigten Kinder auf der Showbühne den Text in der Gebärdensprache. Das kam beim Publikum so gut an, dass wieder tausende leuchtende Taschenlampen im Takt zur Musik geschwenkt wurden. Die nun einmarschierenden Fahnenträger versammelten sich in der Stadionmitte auf den vorbestimmten Plätzen. Auch der Turkmene reihte sich wieder in die Riege der Sportler ein.

Zu der Musik mit dem Titel: „The Games Down Under" begann nun eine besondere Darbietung. An einem Gerüst erschien in ca. fünf Meter Höhe ein mit dem Kopf nach unten hängender australischer Schauspieler. Durch Magnetschuhe wurde er in dieser Position gehalten und führte eine rückwärts laufende Siegerehrung vor. Sie begann mit der australischen Nationalhymne, natürlich rückwärts gespielt. Es folgte ein symbolisches Händeschütteln mit den Glückwünschen, anschließend legte er die Medaille auf das Kissen zurück. So schnell, wie seine Magnetschuhe es zuließen, lief er rückwärts zu einem Startpunkt, an dem unerwartet ein Schuss fiel. Geschickt zog sich der Schauspieler die Jacke an, nahm seine Tasche auf und ging das kurze Stück rückwärts bis zu dem senkrechten Gerüstteil. Für diese außerordentliche Leistung erhielt er einen besonderen Applaus.

Auf einer großen Leinwand erschien als Rückblende die Vorbereitung zu diesen 11. Spielen. Zunächst wurden die Auswahl der Bewerber und der große Jubel gezeigt, als Sydney den Zuschlag erhielt. Nun liefen die weiteren Aktivitäten auf Hochtouren. Es musste ja noch eine ganze Menge gebaut werden. Das ging natürlich nicht problemlos vonstatten, denn das kostete sehr viel Geld, und was sollte anschließend mit den Wettkampfstätten geschehen? Wie hatten sich die Verantwortlichen die weitere Nutzung gedacht? Trotz heftiger und langanhaltender Demonstrationen wurde das Ziel weiterverfolgt. Symbolisch für die Proteste erschienen jetzt Radfahrer im Stadion, die als Kängurus verkleidet den Albtraum der Bevölkerung darstellten. Sie waren aber wohl mehr als Selbstironie gedacht.

Plötzlich tauchte ein überdimensioniertes Fahrrad mit einem riesigen runden Behälter in der Mitte zwischen den Rädern auf und versuchte, die Kängurus zu vertreiben. Das gelang ebenso wenig wie der großen Schlange und den Engeln, die schon bei der Eröffnungsfeier zu bewundern waren. Erst der Drachen versetzte die Radfahrer in Panik, die fluchtartig das Stadion verließen. Nun schob man eine große Puppe über die Aschenbahn, umringt von vielen Kindern mit Luftballons. Sie diente wohl eher als Ablenkung, denn in Windeseile wurden fünf große Videoleinwände auf der Rasenfläche montiert. Hier konnten anschließend die Zuschauer eine australische Gruppe, die in zwölf Meter Höhe über der Bühne ihre Seilakrobatik zeigte, bewundern. Ihre einmalige Leistung wurde mit großem Beifall honoriert. Dr. John Grant, Dr. Robert Steadward und Sir William Deane erschienen auf dem Podium. Langsam legte sich der Beifall und Ruhe kehrte im Stadion ein.

Bedächtig trat der Generalgouverneur von Australien, Sir William Dean, an das Mikrofon und begrüßte die Anwesenden. Als nächstes dankte er allen Athleten für diese einzigartigen Spiele und drückte seine Bewunderung für die gezeigten außerordentlichen Leistungen aus. Bei derartigen sportlichen Veranstaltungen rückten die Menschen zusammen, und viele besondere Ereignisse zeugten vom positiven Miteinander. Im Namen aller Australier dankte er denen, die diese Spiele überhaupt möglich gemacht haben. Dazu gehörten in erster Linie die zigtausend freiwilligen Volontäre, die ihre Hilfe dort leisteten, wo sie benötigt wurde. Diese Spiele mit ihrer Wärme, Fairness und der großen Unterstützung von allen Seiten galten als die freundlichsten aller Zeiten. Damit trat Sir William Dean zur Seite und erhielt einen stürmischen Beifall.

Nun ergriff Dr. Robert Steadward, Präsident des Internationalen Paralympischen Komitees, das Wort. Nach seiner Begrüßung drückte er die große Freude über den Erfolg der Spiele aus. Durch diese 11. Paralympics erhielt Sydney ganz hervorragende Sportstätten, die natürlich weiter genutzt würden. Auch er war stolz darauf, dass durch diese Spiele die Menschen zueinander fanden und friedlich miteinander umgingen. Auch Dr. Steadward dankte den 15.000 Volontären für ihren Einsatz, den 400.000 Schulkindern, die zu den Spielen kamen, und allen anderen, die dazu beitrugen, diese Veranstaltung so einzigartig werden zu lassen. 1,2 Millionen Eintrittskarten wurden verkauft, auch das war ein Rekord. Mit einer besonderen Medaille ehrte er Dr. John Grand, den Präsidenten des Paralympischen Organisationskomitees von Sydney, für die Verdienste um den Behindertensport, denn gerade diese Athleten wurden zu den wahren Botschaftern ihrer Länder. Damit erklärte Dr. Steadward die 11. Paralympischen Spiele 2000 für beendet.

Feierlich holten acht Soldaten der australischen Armee die Fahne mit den drei Tropfen, das Symbol für die Paralympics, ein und trugen sie zur Bühne. Nun verteilten Fackelträger überall große Rauchschwaden, denn erst jetzt wurden grüne Laserstrahlen sichtbar, die sich in Wellen durch das Stadion bewegten. Als sie die Flamme, die nunmehr seit elf Tagen brannte, erreichten, wurde diese kleiner und kleiner, bis sie endgültig verlosch.

Bevor der Showteil der Abschlussfeier begann, wurde die Fahne an die Verantwortlichen aus Athen übergeben, denn das sollte der nächste Austragungsort der Paralympics sein. In der Zwischenzeit stellte sich der Millennium-Chor der griechisch-orthodoxen Kirche auf für seine Darbietungen mit Musik und Tanz. Sie begannen mit dem Lied „Sonne der Gerechtigkeit" und sangen noch einige Lieder, in denen sie ihr Land vorstellten. Nach etwas verhaltenem Beifall, denn niemand glaubte so recht an die Ausrichtung der Spiele in Athen, wurde es wieder fröhlicher im Stadion.

Wie zum Karneval strömten etwa 450 Tänzer und Tänzerinnen auf die Rasenfläche und bezogen auch die Athleten mit ein. Dazu rollten die großen Bälle, die bei der Eröffnung die Ländernamen getragen hatten, mit in das muntere Treiben. Ein Konfettiregen und die Country-Musik heizten die Stimmung zusätzlich an. Diese Ausgelassenheit setzte sich auch auf den Tribünen fort und erfasste das ganze Stadion. Es traten noch viele Gruppen und Interpreten auf, und erst nach Stunden neigte sich diese Feier ihrem Ende zu.

Für die Sportler und deren Betreuer war aber noch lange nicht Schluss. Auf dem Heimweg setzte sich die Fröhlichkeit fort und hörte auch im Paralympischen Dorf noch nicht auf. Der Leistungsdruck war von allen abgefallen, und man wollte einfach die verbleibenden Stunden am anderen Ende der Welt noch in vollen Zügen genießen. Schließlich verhallte der Lärm im Dorf, denn so langsam mussten sich die Gäste von diesem Kontinent verabschieden.

Wie bei der Ankunft wurden die Athleten nun auch bei der Abreise genauso betreut. Die Gastgeber sorgten dafür, dass niemand zu spät zum Flughafen kam, und dass auch nichts von der Ausrüstung verloren ging. Zurück flogen die deutschen Teilnehmer wieder über Hongkong, also neun Stunden sitzen. In den bereitgestellten Hotelzimmern konnte sich, wer es wollte, ausruhen. Dann waren es noch einmal zwölf Stunden bis nach Frankfurt, welch eine Tortur.

Uwe hatte sich einen Tag Urlaub genommen, um seine Frau vom Flughafen abzuholen. Nils bekam schulfrei. Selbst Bingo merkte, dass etwas Besonderes geschehen würde, denn er war schon seit Tagen unruhig. Mitten in der Nacht machten sich alle drei auf den Weg nach Frankfurt. Uwe hatte noch schnell einen großen Blumenstrauß besorgt, den er aber vor Bingo in Sicherheit bringen musste. Am frühen Morgen trafen sie auf dem Flugplatz ein. Gespannt suchte Uwe die Ankunftszeit des Airbusses aus Hongkong auf der Anzeigentafel. Gegen Mittag war es endlich so weit. In die wartenden Gruppen der Reporter und Fernsehleute kam Bewegung. Dann erschienen die ersten Fluggäste des gerade gelandeten Flugzeuges aus Hongkong. Sofort wurden sie umringt, ein reines Blitzlichtgewitter begleitete die eilig gestellten Fragen und fast genervten Antworten. Die Kameramänner vom regionalen Fernsehen konnten nur mit größter Mühe halbwegs brauchbare Bilder aufnehmen, und die Tontechniker versuchten nervös, ihre Aufzeichnungsgeräte richtig auszusteuern. Bingo fing an zu bellen, zog wie toll an der Leine, dass Uwe ihn kaum halten konnte. Nils drückte sich an der Scheibe die Nase platt und schrie plötzlich auf. „Da ist Mama, Mama ist da, ich hab' sie gesehen!“ Auch Uwe sah erst das blanke Metall eines Rollstuhls durch die herannahenden Menschen aufblitzen und erkannte dann seine Karin. Einen Augenblick passte er nicht auf, wollte winken, hielt aber die Leine von Bingo nicht fest genug. Dieser nutzte die Gunst der Stunde, nahm keinerlei Rücksicht auf die ihm entgegenkommenden Passagiere, stürmte auf Karin zu und sprang ihr direkt auf den Schoß. Durch die Wucht wäre sie beinahe hintenüber geschlagen, wenn nicht ein Mitreisender ihren Rolli festgehalten hätte. Mit flinker Zunge leckte der Hund ihr übers Gesicht, begleitet von freudigem Winseln und kräftigem Schwanzwedeln. Immer und immer wieder sprang Bingo vor Freude hinunter und dann wieder zurück auf ihren

Schoß. Plötzlich entdeckte Karin Nässe auf ihrem Oberschenkel. „Auch das noch, jetzt las mich doch endlich weiterfahren, es ist ja gut, Frauchen ist ja wieder zu Hause."

„Aus jetzt!", ertönte die deutliche Männerstimme von Uwe, und die Leine wurde straffgezogen. Schlagartig gab Bingo Ruhe, hatte aber das weitere Geschehen fest im Blick. Uwe und Nils fielen ihr gleichzeitig freudig um den Hals. Viele, viele Küsse wurden ausgetauscht, und endlich konnte Uwe seine Blumen überreichen. Karin wischte sich ihre Freudentränen ab und war froh, dass sie keine Wimperntusche benutzt hatte. Um das Gepäck brauchte sie sich nicht weiter zu kümmern, es wurde ihr nach Hause gebracht. Auf eine Gruppe Athleten mit Gehhilfen und Rollstühlen wurde das Fernsehteam jetzt aufmerksam, weil sich einige von ihnen recht lautstark verabschiedeten. Aus dem Gewühl heraus tauchte plötzlich ein Reporter einer überregionalen Zeitung vor Karin auf und wollte sie befragen. Sie gab bereitwillig Auskunft. Mit knappen Worten erzählte sie von ihren Erlebnissen. Zum Schluss kam die Frage nach den Zukunftsplänen.

„Ganz oben steht jetzt meine Familie", begann sie. „Dann werden da auch wieder Wettkämpfe ausgeschrieben, an denen ich teilnehmen werde. Außerdem möchte ich einen Trainerschein machen und mich um den Nachwuchs kümmern. Sehen Sie, der Behindertensport hat durch diese Paralympics einen sagenhaften Aufschwung erlebt. Besonders haben dazu die Australier selbst beigetragen, indem sie mit ihrem Land sehr viel Werbung machten. Auch die Medien haben mit ihren Berichten in Funk und Fernsehen Großartiges geleistet. Wir wollen nur hoffen, dass die Euphorie noch eine ganze Weile anhält und der Verband sich durchringt, die Förderung zukünftig drastisch zu verstärken, sonst können wir hier in Deutschland fast alle Medaillenplätze vergessen."

„Träumen Sie von Athen?", wollte der Reporter noch wissen.

„Ich bin im Bundeskader der Bogenschützen, wenn ich meine Leistungen so halten bzw. verbessern kann, na klar! Wenn meine Familie mich weiter so unterstützt, dann werde ich wohl in Griechenland antreten. Vielleicht wird es ja dann etwas mit einer Medaille?"

„Dazu wünsche ich Ihnen schon jetzt viel Glück und drücke Ihnen die Daumen, vielen Dank für das Gespräch."

„Ich danke Ihnen", antwortete Karin und schob ihren Rolli, flankiert von Mann und Sohn, in Richtung Ausgang. Bingo sprang immer wieder zwischen ihren Beinen hindurch und um den Rollstuhl herum, als wollte er damit andeuten: „Ich lasse dich nicht wieder weg." Unterwegs auf der Autobahn nestelte Nils mit dem Handy herum, aber Karin dachte sich nichts weiter dabei. Die Heimfahrt ging trotz starkem Verkehr zügig voran. Als sie zu Hause ankamen, erkannte sie, warum Nils das Handy benutzt hatte.

Zu ihrem Empfang und ihrer Überraschung standen in der Einfahrt, außer der Kapelle vom THW, Freunde und Bekannte sowie mittendrin ihre Mutter und ihr Bruder mit seiner neuen Freundin. Langsam setzte Karin sich vom Autositz in ihren Rollstuhl über. Die Kapelle empfing sie mit der deutschen Nationalhymne. Ihr wurde etwas schwer ums Herz. Wie gern hätte sie diese Musik für sich in Sydney gehört, aber es sollte einfach nicht sein. Nach dem letzten Takt klatschten alle Beifall und begrüßten sie mit einem herzlichen Willkommen. Es folgten Umarmungen, Glückwünsche und Küsse. Nach einer ganzen Weile wurde es etwas ruhiger und jeder wollte nun endlich wissen, wie es war und was Karin alles erlebt hat usw. usw. Für Bingo war das alles zu viel. Er legte sich in die Ecke, beobachtete das Geschehen mit wachsamen Augen und aus sicherer Entfernung, hechelte dabei mit lang heraushängender Zunge. Karins Bruder und seine Freundin boten verschiedene Getränke an, denn auf die glückliche Heimkehr musste doch schließlich angestoßen werden.

Bedächtig öffnete Uwe jetzt das Garagentor und Karin bekam vor Staunen den Mund nicht zu. Die Garage war blitzsauber hergerichtet, die Wände reich geschmückt mit vergrößerten Zeitungsausschnitten und Bildern, die sie in den Fernsehberichten schon oft gesehen hatte. In der Mitte war auf großen zusammengestellten Tischen ein kaltes Büfett aufgebaut. Langsam rollte Karin an den Köstlichkeiten vorbei und staunte über die dekorativ hergerichteten Platten und die dazwischenstehenden appetitlichen Salate.

„Wer in aller Welt hat das so toll gemacht!?“

„Jeder hat mit einem kleinen Teil dazu beigetragen“, antwortete Uwe. „Und deine beiden Freundinnen ließen es sich nicht nehmen, alles so aufzubauen.“

„Na, dann lasst uns nicht länger warten“, rief Karin und hob erneut ihr Sektglas in die Höhe. Eigentlich wollte sie sich von den Strapazen ausruhen, aber das konnte sie ihren Gästen jetzt nicht antun. So stand sie schließlich auch diese Feierlichkeit einigermaßen durch. Am folgenden Tag schlief sie sich richtig aus, denn die Zeitverschiebung machte ihr jetzt mehr zu schaffen als auf der Reise nach Sydney. Gott sei Dank störte sie auch niemand dabei.

So kurz vor der Mittagszeit rief ein Reporter vom Stadtanzeiger, der örtlichen Tageszeitung, an. Er wollte gern ein Interview und einige Fotos machen, ob das wohl ginge. Das geschah dann auch. Sie berichtete begeistert von ihren Eindrücken, wie schon auf dem Flughafen. Zum Schluss erbat sie wiederum, dass über den Behindertensport noch intensiver berichtet werden sollte. Es müsste einfach mehr darauf aufmerksam gemacht werden, um das Interesse und die Unterstützung zu steigern und zu vergrößern.

Wenige Tage später las Karin den Artikel in der Zeitung und war über die Berichterstattung angenehm überrascht. Auch der Ortsbürgermeister meldete sich an und brachte einen großen Blumenstrauß. Lange unterhielt sich Karin mit ihm, denn er wollte alles ganz genau wissen, schließlich war der ganze Ort stolz darauf, so eine engagierte Person in seiner Mitte zu haben. Der Bürgermeister machte aus der Bewunderung für die Frau im Rollstuhl auch keinen Hehl und stellte beim Abschied in Aussicht, dass er eine finanzielle Unterstützung bereitstellen würde, wenn Karin in Athen an den Start ginge, damit Uwe seine Frau begleiten könne. Dafür bedankte sich Karin aufs Herzlichste und versprach, sich zu gegebener Zeit zu melden. Zu guter Letzt bekam sie noch eine Einladung zum Neujahrsempfang, denn bis zum Jahreswechsel waren es ja nur noch wenige Wochen.

Es gab noch eine Überraschung für Karin, mit der sie nicht gerechnet hatte. Über den Vorsitzenden der Behindertensportgemeinschaft wurde ihr mitgeteilt, dass sie sich auf Kosten des Verbandes eine neue Ausrüstung kaufen dürfe. Diese solle zwar Eigentum der Sportgemeinschaft bleiben, aber Karin könne die Ausrüstung so lange nutzen, wie sie wollte. Damit bedankte sich der Verband bei ihr für die gezeigten Leistungen und ihren Einsatz für den Behindertensport. Nun konnte sie sich die Ausrüstung zulegen, die sie sich in ihren kühnsten Träumen so sehr wünschte, die für sie aber viel zu teuer gewesen wäre. So zögerte Karin auch nicht lange, fuhr in „ihr" Fachgeschäft und ließ sich eingehend beraten. Sie probierte die verschiedensten Bögen aus, bis sie endlich den passenden fand. Auch bei den Pfeilen wählte sie eine bessere Qualität, obwohl es bei ihrer Treffsicherheit sehr häufig geschah, dass sie die Pfeile zerschoss. Die komplette Ausrüstung wurde am Schluss noch in einem stabilen Koffer untergebracht.

Es verging noch eine ganze Weile, bis Karin zu Hause wieder die nötige Routine fand. Die ganze Aufregung nach ihrer Rückkehr hatte sich gelegt, dank Uwes Hilfe. Bingo wich nun nicht mehr von ihrer Seite, als ob er Angst hätte, dass sie wieder weggehen würde. Nils berichtete in der Schule ausführlich über die Erlebnisse seiner Mutter und wurde von manchen Schülern insgeheim darum beneidet. Regelmäßig nutzte Karin wieder ihre Sportgeräte und den Pool, damit sie ihre Muskulatur stärken und ihre Kondition beibehalten konnte.

Mit großem Respekt behandelte sie ihre neue Ausrüstung, denn damit verband sie die Erinnerungen an eine erlebnisreiche Zeit am anderen Ende der Welt. Vorsichtig setzte sie den neuen Bogen zusammen und spannte probehalber die Sehne. Deutlich spürte sie den Unterschied zu ihrem alten Gerät. Außerdem stellte sich bei ihr mittlerweile fast die gleiche Zugkraft ein, die bei den männlichen Bogenschützen üblich ist. Die Gelegenheit nutzte sie gleich aus, denn es war niemand im Hause. Sie begab sich mit ihrer Ausrüstung in die Garage zu ihrer alten Schießbahn, denn draußen war es viel zu kalt. Der Blick auf die alte Scheibe war frei. Ehrfurchtsvoll nahm sie den Bogen in die Hand, überprüfte noch einmal das Gerät, legte den Pfeil ein, spannte die Sehne, Konzentration und Schuss. Der Pfeil schlug genau in der Mitte ein. Der nächste Pfeil steckte ganz dicht daneben. So ging das weiter, bis Karin nur noch einen Pfeil im Köcher hatte. Dicht an dicht steckten die anderen in der Scheibenmitte, das hätte sie mit ihrem alten Bogen nicht geschafft. Der letzte Pfeil lag in Position und Schuss. Ein inzwischen bekanntes Geräusch ließ sie aufhorchen und gespannt auf die Scheibe starren. Der letzte Pfeil hatte den ersten mittig getroffen und total zerstört. Karin konnte nicht fassen, was sie dort sah. Voller Begeisterung riss sie den Bogen in die Höhe und schrie: „Athen, ich komme!“

Der Autor

Wilfried Benthin, geboren 1943, schrieb bereits während seiner technischen Berufsausbildung Gedichte und Kurzgeschichten, die im Bekanntenkreis sehr positiv aufgenommen wurden. Er arbeitete zwölf Jahre bei der Bundeswehr im technischen Bereich Flugsicherung, später als Beamter im mittleren Dienst.
Im Oktober 2000 begann er den zweijährigen Fernkurs „Mit Freude spannend schreiben" des Weltbild Verlags und arbeitete außerdem verschiedene Bücher über das Schreiben durch. Darüber hinaus nahm er an mehreren Kursen der Volkshochschule teil, arbeitete in Schreibwerkstätten mit und beteiligte sich an Schreibwettbewerben.
Seit er im Ruhestand ist, widmet er sich verstärkt diesem Hobby, außerdem interessiert er sich für Digitalfotografie und -film und ist gerne europaweit mit dem Caravan unterwegs.